INTERRO SURPRISE 1re

ALLEMAND

- POINTS CLÉS À MAÎTRISER
- EXERCICES CHRONOMÉTRÉS ET CORRIGÉS

NOUVEAUX PROGRAMMES

ellipses

Pascal Curin

Retrouvez tous les titres de la collection
et des extraits sur www.editions-ellipses.fr

Du même auteur chez le même éditeur :

Ab die Post! Apprendre et réviser les préverbes allemand en s'amusant,
coll. « Bloc notes », 2007, 128 p.

ISBN 9782340-031357

32, rue Bargue 75740 Paris cedex 15

www.editions-ellipses.fr

AVANT-PROPOS

Interro surprise s'adresse aux élèves de premières qui souhaitent réviser les contenus grammaticaux et lexicaux propres au niveau B1 du CECRL et les huit axes autour du thème « Gestes fondateurs et mondes en mouvement » selon les ressources pour des nouveaux programmes du cycle terminal consultables sur le site officiel EDUSCOL : 1e Identités et échanges 2e Espace privé et espace public 3e Art et pouvoir 4e Citoyenneté et mondes virtuels 5e Fictions et réalités 6e Innovations scientifiques et responsabilité 7e Diversité et inclusion 8e Territoire et mémoire.

L'ouvrage comporte deux parties distinctes, mais complémentaires dans le fond : la première a pour objectif d'aider l'apprenant autonome à relire, à renforcer ou parfois à approfondir les aspects grammaticaux du niveau A2-B1 puisque le cycle terminal entre dans les niveaux B1-B2. La seconde partie porte sur le lexique pour lequel l'accent a été mis sur les quatre notions ci-dessus.

C'est donc un outil de révision et d'accompagnement des cours destiné aux élèves de premières qui n'a pas pour vocation de réviser le vocabulaire du collège. Le vocabulaire ciblé sur chaque notion n'est pas forcément le but ultime à atteindre non plus. Il dépendra des cours de votre professeur qui aura choisi de traiter tel aspect plutôt qu'un autre. Comme le présent ouvrage s'inspire des ressources destinées aux enseignants, l'élève peut anticiper et rechercher dans les fiches lexicales les pages qui l'aideront à se préparer ou à mieux traiter les devoirs-maison. Il ne faudrait donc pas l'acheter en fin de première, mais plutôt au début. C'est aussi un outil pour anticiper.

Il ne s'agit ni d'une grammaire exhaustive entrant dans les détails et les multiples exceptions de la langue, ni d'un ouvrage exclusivement consacré à l'ensemble du fond lexical de l'allemand pour ce niveau. Le but premier d'interro surprise et de fournir aux apprenants des fiches qui vont à l'essentiel concernant la correction grammaticale et la richesse de la langue. Les mots et les structures grammaticales doivent être adaptés à l'intention de communication, suffisamment variés et quelque peu complexe, pour pouvoir exposer un point de vue de manière cohérente et argumentée à l'écrit comme à l'oral.

Chaque fiche explicative est immédiatement suivie d'une page d'exercices d'entraînement chronométrés dont les réponses se trouvent en fin d'ouvrage grâce au numéro de la fiche respective.

En grammaire comme en vocabulaire, il est important que les élèves comprennent l'interconnexion entre les fiches. Aussi, il est recommandé de consulter parallèlement les autres fiches dont les numéros sont indiqués dans un chapitre particulier afin de cerner les divers aspects des structures grammaticales qui ne peuvent se limiter qu'à une seule fiche.

ABRÉVIATIONS UTILISÉES

pt / pts : point / points

pl : pluriel

sg : singulier

jn : jemand, jemanden

jm : jemandem

ø : absence de terminaison comme ein ø opposé à einem

...(mot) : fabrication de mots composés avec ce déterminé.

(mot)... : fabrication de mots composés avec ce déterminant.

Pluriels de la partie lexicale :

(e) : terminaison de pluriel (der Fisch (e) = die Fische)

(¨e) : terminaison de pluriel (die Nacht (¨e) = die Nächte)

(er) : terminaison de pluriel (das Kind (er) = die Kinder)

(¨er) : terminaison de pluriel (der Mann (¨er) = die Männer)

(en) : terminaison de pluriel (die Frau (en) = die Frauen)

(-) : terminaison de pluriel (der Teller (-) = die Teller)

(s) : terminaison de pluriel (das Hobby (s) = die Hobbys)

(i) : terminaison de pluriel (der Modus (i) = die Modi)

(ien) : terminaison de pluriel (das Prinzip (ien) = die Prinzipien)

(sse) (dien)... : pluriel particulier (das Bildnis (sse) = die Bildnisse) (Das Stipendium (dien) = die Stipendien)

Mode d'emploi

Axes en lien avec le nouveau programme de première dans les fiches de vocabulaire

- Identités et échanges
- Art et pouvoir
- Fictions et réalités
- Diversité et inclusion
- Espace privé et espace public
- Citoyenneté et mondes virtuels
- Innovations scientifiques et responsabilité
- Territoire et mémoire

GRAMMAIRE

1 LES AUXILIAIRES *SEIN, HABEN* ET *WERDEN* (1)

Je révise

Tu dois maîtriser la conjugaison des auxiliaires depuis le début de ton apprentissage. Fais le maximum pour connaître ces formes avant le bac !

Présent de l'indicatif :

	Sein	***Haben***	***Werden* (futur)**	***Werden* (passif)**
Ich	*bin*	*habe*	*werde*	*werde*
Du	*bist*	*hast*	*wirst*	*wirst*
Er/sie	*ist*	*hat*	*wird*	*wird*
Wir	*sind*	*haben*	*werden*	*werden*
Ihr	*seid*	*habt*	*werdet*	*werdet*
Sie	*sind*	*haben*	*werden*	*werden*
	je suis…	j'ai…	+ infinitif	+ participe

Prétérit (passé simple, imparfait)

	Sein	***Haben***	***Werden* (passif)**
Ich	*war*	*hatte*	*wurde*
Du	*warst*	*hattest*	*wurdest*
Er/sie	*war*	*hatte*	*wurde*
Wir	*waren*	*hatten*	*wurden*
Ihr	*wart*	*hattet*	*wurdet*
Sie	*waren*	*hatten*	*wurden*
	j'étais,je fus…	j'avais, j'eus…	j'étais, je fus…

TOP CHRONO
C'est l'interro !

[Chaque bonne réponse donne droit à un point sauf interro 1.]

1. Quelle phrase est au futur (F), au passif présent (PPr) et au passif passé (PPa) ? Coche la bonne réponse ! [2 pts] *2 min*

	F	PPr	PPa
a. *Die Handball-Spieler werden in London spielen.*	☐	☐	☐
b. *Das Essen wurde um 5 Uhr gekocht.*	☐	☐	☐
c. *Der Plan wird kollektiv organisiert.*	☐	☐	☐
d. *Die Schüler werden nach Rom fahren.*	☐	☐	☐

2. Complète à la bonne personne du verbe « être » au temps indiqué entre parenthèses en fin de phrase. [1 pt] *4 min*

a. *Er .... 2016 in London und ich .... in Paris.* **(prétérit)**
b. *Ihr .... zu spät, es .... schon 7 Uhr!* **(présent)**
c. *Du .... super gut in Physik!* **(prétérit)**
d. *Wir .... zu siebt, ... es für Sie ein Problem?* **(présent)**

3. Complète à la bonne personne du verbe « avoir » au temps indiqué entre parenthèses en fin de phrase. [1 pt] *4 min*

a. *Er .... eine große Pistole in seinem Koffer.* **(prétérit)**
b. *Der Personalchef .... das Team über die Finanzen informiert.* **(présent)**
c. *Du .... einen schönen roten Mercedes im Jahre 1975!* **(prétérit)**
d. *Du .... keine Pause mehr, geh wieder an die Arbeit!* **(présent)**
e. *Zurzeit .... ich keine Lust auf Döner!* **(présent)**

SCORE
...... pts

2 LES AUXILIAIRES *SEIN*, *HABEN* ET *WERDEN* (2)

Je révise

Parfait (passé composé : j'ai été, j'ai eu...)

	Sein	***Haben***	***Werden (passif)***
Ich	*bin ... gewesen*	*habe ... gehabt*	*bin ... worden*
Du	*bist ... gewesen*	*hast ... gehabt*	*bist ... worden*
Er/sie	*ist ... gewesen*	*hat ... gehabt*	*ist ... worden*
Wir	*sind ... gewesen*	*haben ... gehabt*	*sind ... worden*
Ihr	*seid ... gewesen*	*habt ... gehabt*	*seid ... worden*
Sie	*sind ... gewesen*	*haben ... gehabt*	*sind ... worden*
	j'ai été, ...	*j'ai eu, ...*	*j'ai été + participe*

NB : N'oublie pas que le verbe « *werden* » signifie aussi **devenir** et n'est pas un auxiliaire. Son participe passé est « geworden » (*ich bin geworden* = je suis devenu).

Le futur simple est régulier. Il faut utiliser l'auxiliaire « *werden* ».

	sein	***haben***	***werden (passif)***
ich	*werde ... sein*	*werde ... haben*	*werde ... werden*
du	*wirst ... sein*	*wirst ... haben*	*wirst ... werden*
er/sie	*wird ... sein*	*wird ... haben*	*wird ... werden*
wir	*werden ... sein*	*werden ... haben*	*werden ... werden*
ihr	*werdet ... sein*	*werdet ... haben*	*werdet ... werden*
sie	*werden ... sein*	*werden ... haben*	*werden ... werden*
	je serai, ...	*j'aurai, ...*	*je serai + participe*

TOP CHRONO
C'est l'interro !

[Chaque bonne réponse donne droit à 2 points.]

1. La phrase suivante est au présent, mets-la au futur simple. *5 min*

a. *Du arbeitest heute bis 23 Uhr in der Abteilung C.*

....

b. *Die Deutschen konkurrieren um den 1. Platz in der Handballweltmeisterschaft.*

....

c. *Wir fahren ohne unsere Eltern nach Griechenland.*

....

d. *Meine Tochter heiratet in zwei Monaten einen Türken aus Ankara.*

....

2. Reformule la phrase en la mettant au passé composé alors qu'elle est au passé simple (Donc « j'étais » devient « j'ai été » à « *ich war* » devient « *ich bin gewesen* », etc.). 6 min

a. *Er war genial* ⇨ ....

b. *Er wurde beobachtet* ⇨ ....

c. *Ihr wart brutal* ⇨ ....

d. *Du hattest einen Hund* ⇨ ....

e. *Ich wurde operiert* ⇨ ....

f. *Er hatte eine genetische Krankheit* ⇨ ....

SCORE

...... pts

3 PRÉSENT DE L'INDICATIF (1)

Je révise

- **On distingue généralement les verbes sans modification de radical** ou adjonction de trémas des autres verbes changeant une partie du radical. Prends le radical du verbe (infinitif sans -en) et ajoute **e / st / t / en / t / en**.

	kommen	***sagen***	***machen***	***erzählen***	***singen***	***treiben***
Ich	*komm**e***	*sag**e***	*mach**e***	*erzähl**e***	*sing**e***	*treib**e***
Du	*komm**st***	*sag**st***	*mach**st***	*erzähl**st***	*sing**st***	*treib**st***
Er /sie	*komm**t***	*sag**t***	*mach**t***	*erzähl**t***	*sing**t***	*treib**t***
Wir	*komm**en***	*sag**en***	*mach**en***	*erzähl**en***	*sing**en***	*treib**en***
Ihr	*komm**t***	*sag**t***	*mach**t***	*erzähl**t***	*sing**t***	*treib**t***
Sie	*komm**en***	*sag**en***	*mach**en***	*erzähl**en***	*sing**en***	*treib**en***

- **Tiens compte de quelques aspects orthographiques** : pour les verbes dont le radical finit en T ou D, il faut intercaler un « E » entre le T ou D et la terminaison T et ST. Pour les verbes avec radical finissant par S, Z ou ß, enlève le « S » de la terminaison ST.

	arbeiten	***schaden***	***tanzen***	***heißen***	***passen***
Ich	*arbeit**e***	*schad**e***	*tanz**e***	*heiß**e***	*pass**e***
Du	*arbeit**est***	*schad**est***	*tanz**t***	*heiß**t***	*pass**t***
Er/ sie	*arbeit**et***	*schad**et***	*tanz**t***	*heiß**t***	*pass**t***
Wir	*arbeit**en***	*schad**en***	*tanz**en***	*heiß**en***	*pass**en***
Ihr	*arbeit**et***	*schad**et***	*tanz**t***	*heiß**t***	*pass**t***
Sie	*arbeit**en***	*schad**en***	*tanz**en***	*heiß**en***	*pass**en***

- **Pour un élève de cycle terminal, l'indicatif présent** a globalement les mêmes emplois qu'en français, y compris pour exprimer un présent à valeur de futur (*Ich komme in 2 Tagen* : je viens dans 2 jours)

- **Pour le présent des verbes de modalité** reporte-toi à la **fiche n° 8**.

TOP CHRONO
C'est l'interro !

[Chaque bonne réponse donne droit à 1 point.]

1. Donne la 1re et la 3e personne du singulier des verbes suivants. 5 min

Denken	*Ich*	....	*Er*	....
Spielen	*Ich*	....	*Er*	....
Rühren	*Ich*	....	*Er*	....
Scheiden	*Ich*	....	*Er*	....
Lügen	*Ich*	....	*Er*	....
Suchen	*Ich*	....	*Er*	....
Besetzen	*Ich*	....	*Er*	....

2. Retrouve l'infinitif. *6 min*

er	*leiht*	....	*sie*	*tut*	....
sie	*schreitet*	....	*er*	*setzt*	....
er	*reiht*	....	*sie*	*bietet*	....
er	*vertuscht*	....	*du*	*gewinnst*	....
sie	*watet*	....	*er*	*legt*	....
er	*sitzt*	....	*sie*	*weidet*	....
du	*beißt*	....	*du*	*streitest*	....
du	*paddelst*	....	*es*	*passiert*	....

SCORE

...... pts

4 PRÉSENT DE L'INDICATIF (2)

Je révise

- **Quelques verbes forts changent de radical** aux deuxième et troisième personnes du singulier. Il s'agit d'un changement de voyelle. Les verbes en « E » changent leur radical avec les voyelles « I » ou « IE ».

	geben	***sehen***	***sprechen***	***nehmen***	***werfen***	***stehlen***
Ich	*gebe*	*sehe*	*spreche*	*nehme*	*werfe*	*stehle*
Du	*gibst*	*siehst*	*sprichst*	*nimmst*	*wirfst*	*stiehlst*
Er/sie	*gibt*	*sieht*	*spricht*	*nimmt*	*wirft*	*stiehlt*
Wir	*geben*	*sehen*	*sprechen*	*nehmen*	*werfen*	*stehlen*
Ihr	*gebt*	*seht*	*sprecht*	*nehmt*	*werft*	*stehlt*
Sie	*geben*	*sehen*	*sprechen*	*nehmen*	*werfen*	*stehlen*

- Les verbes en « A », « AU » ou « O » font un changement en « Ä » ou « Ö ».

	fangen	***laufen***	***schlafen***	***lassen***	***raten***	***laden***	***stoßen***
Ich	*fange*	*laufe*	*schlafe*	*lasse*	*rate*	*lade*	*stoße*
Du	*fängst*	*läufst*	*schläfst*	*lässt*	*rätst*	*lädst*	*stößt*
Er/sie	*fängt*	*läuft*	*schläft*	*lässt*	*rät*	*lädt*	*stößt*
Wir	*fangen*	*laufen*	*schlafen*	*lassen*	*raten*	*laden*	*stoßen*
Ihr	*fangt*	*lauft*	*schlaft*	*lasst*	*ratet*	*ladet*	*stoßt*
Sie	*fangen*	*laufen*	*schlafen*	*lassen*	*raten*	*laden*	*stoßen*

NB : les mêmes règles orthographiques s'appliquent aux verbes forts finissant par S, Z ou ß, enlève le S de la terminaison ST

- Sois prudent ! Certains verbes forts ont un « E », un « A » ou un « O » au radical et pourtant ils **ne changent pas leur voyelle au présent** comme dans le tableau :

gehen • heben • denken • nennen • kennen • brennen • schaffen • kommen
(er geht • er hebt • er denkt • er nennt • er kennt • er brennt • er schafft • er kommt)

TOP CHRONO
C'est l'interro !

[Chaque bonne réponse donne droit à 1 point.]

1. Coche les verbes qui, bien qu'irréguliers, ne prennent pas de trémas sur la voyelle (A, O, AU) ou de « I-IE » aux 2e et 3e personnes du singulier ? *2 min*

fahren	☐	*werfen*	☐
gehen	☐	*schaffen*	☐
heben	☐	*kommen*	☐
esen	☐	*essen*	☐
denken	☐	*laufen*	☐
tragen	☐	*lassen*	☐
kennen	☐		

2. Conjugue les verbes suivants au présent de l'indicatif. Fais attention à tout : les terminaisons et les aspects phonétiques, les voyelles du radical. *6 min*

	lesen	**tragen**	**treffen**	**essen**	**halten**
Ich	....	....	....	....	....
Du	....	....	....	....	....
Er/sie	....	....	....	....	....
Wir	....	....	....	....	....
Ihr	....	....	....	....	....
Sie	....	....	....	....	....

3. Entoure les formes fausses dans cette série. *1 min*

Er/sie • schlägt • hilft • wascht • seht • rät • lädet • trägt

SCORE

...... pts

5 FUTUR

Je révise

Le futur est composé de l'auxiliaire « werden » conjugué au temps voulu et de l'infinitif ou du groupe infinitif du verbe placé en fin de phrase.

- **Il faut donc maîtriser la conjugaison de l'auxiliaire « werden »** au présent de l'indicatif, du subjonctif 1 et du subjonctif 2. (Voir fiches n° 1-2]

- **Le futur I correspond au futur français** pour exprimer un fait à venir, plus souvent lointain que proche d'ailleurs. Il n'est pas aussi fréquent qu'en français car le présent de l'indicatif allemand se traduit également par un futur. Le futur I prend une valeur d'annonce, de pronostic ou d'un fait qu'on veut vraiment marquer dans l'avenir.

  Ex : *Ich werde nächste Woche in die USA fliegen* : j'irai aux USA la semaine prochaine.

  Ex : *Er sagt, er werde bald umziehen* : Il dit qu'il déménagera bientôt.

- **Le futur II est l'équivalent du futur antérieur en français** qui exprime un fait accompli dans le futur comme dans la phrase « Elle aura accouché dans 2 mois ».

  Pour le former, il te faut réviser d'abord le parfait (fiche n° 14), et notamment le choix de l'auxiliaire entre « *haben* » et « *sein* », car cela influera sur le futur II. Dans ce cas, l'auxiliaire restera à l'infinitif : « *gesagt haben* » = avoir dit.

  Ex : *Sie werden wohl die Wahrheit gesagt haben* : Ils auront probablement dit la vérité.

  Ex : *Er wird zu seiner Schwester gefahren sein* : Il sera allé chez sa sœur.

TOP CHRONO
C'est l'interro !

[Chaque bonne réponse donne droit à 1 point.]

1. Barre les phrases qui ne sont pas au futur. *2 min*

a. *Er würde gerne mit mir nach Bali fliegen.*

b. *Diese Brücke wird wahrscheinlich zusammenbrechen.*

c. *Mein Sohn wird drei Monate lang in Pakistan arbeiten.*

d. *Der Kanlzler wird für ein 4-jähriges Mandat ernannt.*

e. *In diesem Supermarkt werden nächstes Jahr alle Regale umgebaut sein.*

2. Entoure la lettre de chaque phrase exprimant une idée de futur. *3 min*

a. *Ich fühle mich im Moment super gut.*

b. *Sie möchten nächstes Jahr Urlaub auf Hawaii machen.*

c. *Wir gehen morgen in die Alpen, um Snowboard zu fahren.*

3. Mets le verbe entre parenthèses au futur. *4 min*

a. *Er .... eines Tages einen BMW .... (kaufen)*

b. *Sie und er .... morgen .... (heiraten)*

c. *Ich hoffe, ihr .... mich nicht jeden Tag .... (anrufen)*

d. *Die Polizei .... die Cyberkriminalität besser .... (bekämpfen)*

e. *Die Roboter .... Menschen .... (ersetzen)*

SCORE

...... pts

6

PARTICIPE PRÉSENT OU GÉRONDIF

Je révise

Le participe présent n'est pas une forme très utilisée en allemand si on le compare avec l'usage français ou anglais. Néanmoins, en première, tu dois savoir le reconnaître

- **Le participe présent se forme en ajoutant un -*D*** à l'infinitif (ou -*END* au radical de l'infinitif). Pour obtenir « courant », « ayant » et « chuchotant », on dira donc :
  - *laufen* ⇨ *laufend* (courant)
  - *haben* ⇨ *habend* (ayant)
  - *flüstern* ⇨ *flüsternd* (chuchotant)

  Note que pour *sein* (être) et *tun* (faire), on ajoute un -e- :
  - *sein* ⇨ *seiend* (étant)
  - *tun* ⇨ *tuend* (faisant)

- **Si le participe présent comporte des compléments**, on recourt davantage aujourd'hui à la périphrase avec la conjonction « ***indem*** », que tu traduiras mentalement par « sachant que » afin d'obtenir un schéma de phrase plus proche.

  En ayant utilisé un robot de cuisine, elle a fait la pâte plus rapidement.

  ⇩

  Sachant qu'elle a utilisé un robot de cuisine, elle a fait la pâte plus rapidement.

  ⇩

  Indem *sie eine Küchenmaschine benutzt hat, hat sie den Teig schneller machen können.*

- **Le participe présent peut sans problème occuper la place d'un adjectif épithète, y compris avec ses compléments** ; dans ce cas, il faut le décliner comme n'importe quel adjectif.

  Ex : *Ein lächelnd**es** Mädchen sprach mich an* : une fille souriante m'a apostrophé.

  Ex : *Die jeden Tag in der Stadtmitte patrouillierend**en** Polizisten sind wichtig* : les policiers patrouillant tous les jours au centre-ville sont importants.

TOP CHRONO
C'est l'interro !

1. Quel est le participe présent de ces verbes ? [1 pt] *2 min*

a. *Essen* ⇨ ....
b. *Rennen* ⇨ ....
c. *Lesen* ⇨ ....
d. *Überzeugen* ⇨ ....
e. *Reden* ⇨ ....
f. *Verändern* ⇨ ....

2. Complète avec le verbe au gérondif. [1 pt] *2 min*

a. *Er geht* .... *ins Kino.* (*pfeifen* – Il va au cinéma en sifflant.)

b. .... *arbeitet er weiter.* (*Grübeln* – Il poursuit son travail en réfléchissant à plein de choses.)

c. *Er geht* .... *nach Hause zurück.* (schwanken – Il rentre à la maison en titubant.)

3. Traduis les phrases en français sans coller au texte allemand. [2 pts] *4 min*

a. *Ein mit Schneemobil fahrender Ranger überwacht den Park.*

....

b. *Er konzipierte ein Chinesisch sprechendes Strategiespiel.*

....

c. *Ein wild schreiender betrunkener Mann sucht nach seinem Hund.*

....

SCORE
...... pts

7 IMPÉRATIF ET INJONCTION

Je révise

En dehors de l'impératif, il est possible d'exprimer un ordre ou une injonction avec d'autres moyens. L'impératif reste le plus fréquent.

- L'impératif se forme à partir du radical de l'infinitif auquel on ajoute les terminaisons Ø ou « -e » à la 2e personne du singulier, un « -t » à la 2e personne du pluriel. Pour les autres personnes, il faut juste inverser l'ordre : verbe – sujet. Prenons l'infinitif « *machen* » (Fais ! Faisons ! Faites !) :
  - *Mach (mache)! Machen wir! Macht!* ou *Machen Sie!* si vouvoiement.

> **Attention !** les verbes forts en /e/ change le radical en /i/ ou /ie/ au singulier : *Geben ⇨ gib! Nehmen ⇨ Nimm! Sehen ⇨ Sieh!*

- L'infinitif exprime une injonction impersonnelle, un peu hiérarchique ou froide. Il est moins élégant que l'impératif. Il ne cible personne en particulier. C'est pourquoi il est apprécié dans les recettes de cuisine, les modes d'emploi, mais aussi pour le dressage et toutes formes d'instruction. Un « *bitte* » peut atténuer l'injonction.
  - *Jetzt aber schlafen!* (On dort maintenant !) – *Sitzen!* (Assis ! Chiens par exemple)
  - *Bitte Tafel wischen!* (Merci d'effacer le tableau !) – *Aufstehen!* (On se lève !)
  - *Tomaten in Scheiben schneiden* (Couper les tomates en tranches.)

- Le participe passé n'a valeur d'impératif que dans les tournures figées et anciennes pour exprimer surtout des commandements militaires.
  - *Still gestanden!* (Garde à vous !) – *Aufgepasst!* (Ecoutez bien !)

- Les préverbes inséparables employés seuls, donc sans l'infinitif à valeur d'impératif, expriment aussi un ordre clairement identifiable :
  - *Raus!* (dehors !) – *Herein!* (Entrez !) – *Licht aus!* (Éteignez la lumière !)

TOP CHRONO
C'est l'interro !

[Chaque bonne réponse donne droit à 1 point.]

1. Cocher la case correspondante. Injonction ou non ? *2 min*

	Oui	Non
a. *Hätte ich nur gearbeitet!*	☐	☐
b. *Ruf bitte um 7:00 Uhr an!*	☐	☐
c. *Konzentriert bleiben bitte!*	☐	☐
d. *Passen Sie auf, die Polizei blitzt!*	☐	☐
e. *Du hast viel geschafft!*	☐	☐
f. *Bitte kalt stellen.*	☐	☐

2. Mets le verbe entre parenthèses à l'impératif. *3 min*

a. .... *den Regenschirm mit!* (*nehmen* – 2e singulier)

b. .... *besser zu artikulieren!* (*versuchen* – 2e singulier)

c. .... *das Licht aus!* (*schalten* – 2e singulier)

d. .... *Sie bitte das Radio* ....! (*anmachen* – Politesse)

e. .... *schnell zur Schule!* (*rennen* – 2e pluriel)

3. Exprime un ordre, soit par l'impératif, soit par l'infinitif. *2 min*

a. Prends la parole ! : .... (*das Wort nehmen*)

b. Continuez de chanter s'il vous plaît ! : ....(*weiter singen*)

c. Levez-vous s'il vous plaît ! : .... (*aufstehen*)

d. Faites la queue ! : ....(*sich anstellen*)

SCORE

...... pts

8 VERBES MODAUX (1)

Je révise

Les verbes modaux sont indispensables. Tu dois connaître leur conjugaison.

- **Au présent de l'indicatif**, les six modaux se conjuguent comme suit :

	Falloir	Devoir	Pouvoir	Autoriser à	Vouloir	Aimer
Ich	*muss*	*soll*	*kann*	*darf*	*will*	*mag*
Du	*musst*	*sollst*	*kannst*	*darfst*	*willst*	*magst*
Er,sie	*muss*	*soll*	*kann*	*darf*	*will*	*mag*
Wir	*müssen*	*sollen*	*können*	*dürfen*	*wollen*	*mögen*
Ihr	*müsst*	*sollt*	*könnt*	*dürft*	*wollt*	*mögt*
Sie	*müssen*	*sollen*	*können*	*dürfen*	*wollen*	*mögen*

- **Au prétérit de l'indicatif**, les six modaux se conjuguent comme suit :

Ich	*musste*	*sollte*	*konnte*	*durfte*	*wollte*	*mochte*
Du	*musstest*	*solltest*	*konntest*	*durftest*	*wolltest*	*mochtest*
Er,sie	*musste*	*sollte*	*konnte*	*durfte*	*wollte*	*mochte*
Wir	*mussten*	*sollten*	*konnten*	*durften*	*wollten*	*mochten*
Ihr	*musstet*	*solltet*	*konntet*	*durftet*	*wolltet*	*mochtet*
Sie	*mussten*	*sollten*	*konnten*	*durften*	*wollten*	*mochten*

- **En ajoutant des trémas sur le radical du prétérit** (sauf pour *wollen* et *sollen* qui restent en O), on obtient un subjonctif 2 régulier : *er könnte* : il pourrait. Mais, *er wollte* : il voulait ou il voudrait (Seul le contexte peut aider à départager).

TOP CHRONO
C'est l'interro !

1. Complète en conjuguant le verbe au présent de l'indicatif. [2 pts] *3 min*

a. *Sie weiß nicht, was sie .... (wollen)*

b. *Er .... für dich sprechen. (müssen)*

c. *Ich .... das Motorrad nehmen. (dürfen)*

d. *Ihr .... eine Kamera installieren. (sollen)*

2. Mets le verbe de modalité au prétérit. [1 pt] *3 min*

a. *Er darf das Fenster nicht aufmachen :* ....

b. *Du sollst dich mehr konzentrieren :* ....

c. *Ich will partout ein Smartphone haben :* ....

d. *Ich mag Pizzas mit Thunfisch :* ....

e. *Sie müssen die Stadt sanieren :* ....

f. *Du kannst ohne mich nicht leben :* ....

3. Entoure les verbes modaux au subjonctif 2 et souligne les verbes au subjonctif 1. Attention aux intrus ! [1 pt] *1 min*

Er wollte • sie müsste • Du sollest • ihr müsst • du möchtest • er wolle • wir konnten • sie mögen

SCORE

...... pts

9 VERBES MODAUX ET *WISSEN* (2)

Je révise

En lycée, tu dois connaître la conjugaison des verbes modaux au subjonctif.

Pour le sens de ces verbes reporte-toi à la fiche n° 11, pour l'usage du subjonctif 2 consulte les fiches n° 16-17 et pour l'emploi du subjonctif 1 va à la fiche n° 15.

Au présent du subjonctif 1

	können	***dürfen***	***wollen***	***mögen***	***müssen***	***sollen***	***wissen***
ich	*könne*	*dürfe*	*wolle*	*möge*	*müsse*	*solle*	*wisse*
du	*könnest*	*dürfest*	*wollest*	*mögest*	*müssest*	*sollest*	*wissest*
er/sie	*könne*	*dürfe*	*wolle*	*möge*	*müsse*	*solle*	*wisse*
wir	*können*	*dürfen*	*wollen*	*mögen*	*müssen*	*sollen*	*wissen*
ihr	*könnet*	*dürfet*	*wollet*	*möget*	*müsset*	*sollet*	*wisset*
sie	*können*	*dürfen*	*wollen*	*mögen*	*müssen*	*sollen*	*wissen*

Au présent du subjonctif 2, donc le conditionnel en français

	können	***dürfen***	***wollen***	***mögen***	***müssen***	***sollen***	***wissen***
ich	*könnte*	*dürfte*	*wollte*	*möchte*	*müsste*	*sollte*	*wüsste*
du	*könntest*	*dürftest*	*wolltest*	*möchtest*	*müsstest*	*solltest*	*wüsstest*
er/sie	*könnte*	*dürfte*	*wollte*	*möchte*	*müsste*	*sollte*	*wüsste*
wir	*könnten*	*dürften*	*wollten*	*möchten*	*müssten*	*sollten*	*wüssten*
ihr	*könntet*	*dürftet*	*wolltet*	*möchtet*	*müsstet*	*solltet*	*wüsstet*
sie	*könnten*	*dürften*	*wollten*	*möchten*	*müssten*	*sollten*	*wüssten*

Tu auras remarqué que l'on ne met jamais de trémas sur le « O » de *wollen* et *sollen*, même au subjonctif 2. *Er sollte* = il devait, il dut ou il devrait !

TOP CHRONO
C'est l'interro !

[Chaque bonne réponse donne droit à 1 point.]

1. Mets les verbes modaux au subjonctif 2, comme en français « je veux du pain » devient « je voudrais du pain ». *6 min*

a. *Ich mag dich beraten.* ⇨ *Ich* .... *dich beraten.*

b. *Er soll keinen Zucker essen.* ⇨ *Du* .... *keinen Zucker essen.*

c. *Ihr könnt zusammenarbeiten.* ⇨ *Ihr* .... *zusammenarbeiten.*

d. *Sie müssen konzentriert bleiben.* ⇨ *Sie* .... *konzentriert bleiben.*

e. *Ich mag Döner mit Joghurtsauce essen.* ⇨ *Ich* .... *Döner mit Joghurtsauce essen.*

2. Le verbe souligné est-il au subjonctif 1 ou au subjonctif 2 ? Coche la bonne réponse. *4 min*

	Subj. 1	Subj. 2
a. *Der Brite sagte, dass sie nicht mehr in der EU bleiben wolle.*	☐	☐
b. *Die Engländer möchten mehr Souveränität.*	☐	☐
c. *Der Schnee könnte eine große Lawine provozieren.*	☐	☐
d. *Ist Clara gestorben? Nicht, dass ich wüsste.*	☐	☐
e. *Der Inspektor sagte, er müsse noch einiges kontrollieren.*	☐	☐

SCORE

...... pts

10 VERBES MODAUX (3)

Je révise

Quelques aspects particuliers entourent les verbes modaux d'un point de vue grammatical. En voici l'essentiel.

- **Ils ont certes un participe passé propre**, mais comme on les rencontre souvent avec un objet à l'infinitif, ils ont la particularité de rester aussi à l'infinitif quand ils sont conjugués à un temps composé, ce qui, au final, provoque deux infinitifs en fin de phrase (« Double infinitif »). Observe la différence :
  - *Er hat es gekonnt!* (Il a su [le faire] !) Ici, le verbe est au participe passé car **seul**.
  - *Er hat es sagen* ***können*** (Il a pu le dire). Le verbe modal *können* est à l'infinitif à cause de *sagen*. Là où le français met le participe (pu), l'allemand préfère l'infinitif. (Voir également la fiche n° 13.)

- **Rappelant le français ou l'anglais, le verbe modal est suivi d'un infinitif** sans aucun moyen de liaison comme un « de » ou un « to », en allemand « ***zu*** ». C'est la caractéristique des verbes modaux et des verbes assimilés. Voir fiche n° 52.

  Ex : *Ich will Medizin studieren* : je veux faire des études de médecine.

  Ex : *Er mag nackt schwimmen* : il aime nager nu.

- La forme orale et moderne du subjonctif 2 employant l'auxiliaire « *würde* » ne convient pas aux modaux ; il faut maîtriser leur subjonctif 2 car ils sont fréquents pour nuancer le discours (cf. fiche n° 60). L'emploi de « *würde* » donne plutôt un sens de futur conditionnel.

  Ich könnte • *Ich dürfte* • *Ich wollte* • *Ich möchte* • *Ich müsste* • *Ich sollte*

  (Je pourrais • je serais autorisé • je voudrais • j'aimerais • je devrais • je devrais)

TOP CHRONO
C'est l'interro !

1. Participe ou infinitif ? Barre la forme fausse ! [1 pt] 2 min

a. *Du hast zur Arbeit gehen (müssen / gemusst).*

b. *Sie hat es nicht (gewollt / wollen).*

c. *Komisch, ich habe es nie (gekonnt / können)!*

d. *Du hast nie mit mir tanzen (gemocht / mögen).*

2. Mets le verbe de modalité au parfait.
[1 pt conjugaison, 1 pt place des verbes] 4 min

a. *Er will dieses Auto kaufen :* ....

b. *Sie können den Roman schnell lesen :* ....

c. *Du sollst dich entschuldigen :* ....

d. *Sie erklärt, dass er nicht sprechen will :* ....

3. Introduis une idée de souhait ou de conseil en mettant le verbe de modalité au subjonctif 2. [2 pts] 2 min

a. *Ich mag diese Tour durch Paris machen :* ....

b. *Du sollst dieses Buch lesen :* ....

c. *Ich will gern Schi fahren :* ....

d. *Ihr sollt langsamer fahren :* ....

SCORE
...... pts

11 EMPLOIS DES VERBES MODAUX

Je révise

➡ Si tu as l'idée d'obligation, de contrainte, d'absence de choix, prends :

Je suis contraint, je n'ai pas le choix.	On m'y oblige, la loi me l'impose.
MÜSSEN	***SOLLEN***

Ex : *Wir müssen arbeiten* ⇨ Tout le monde doit travailler pour vivre. C'est la vie.

Ex : *Wir sollen arbeiten* ⇨ On buvait un café et le chef nous a rappelés à l'ordre.

➡ Si tu as l'idée de possibilité, de capacité et d'autorisation, choisis entre :

Je l'ai appris, je sais faire.	Il y a la possibilité, le moyen de faire.	C'est autorisé par une autorité.	C'est interdit.
KÖNNEN	***KÖNNEN***	***DÜRFEN***	***NICHT DÜRFEN***

Ex : *Ich kann Deutsch sprechen* ⇨ Je l'ai appris. Je sais le faire.

Ex : *Ich darf 2 Stunden pro Tag auf dem PC spielen* ⇨ Mes parents m'y autorisent.

Ex : *Ich kann das Fenster aufmachen, aber ich darf nicht* ⇨ Je peux techniquement bien sûr ouvrir la fenêtre, mais quelqu'un m'interdit de le faire.

> **Attention !** « *Wissen* » n'est pas un verbe modal. Ne le confonds pas avec « *können* ». Wissen est un savoir théorique, des connaissances.

➡ Si tu as l'idée de volonté, de souhait et d'appréciation, choisis entre :

Je le veux ! Sans politesse particulière.	Je le souhaite, le demande poliment.	J'aime le faire.
WOLLEN	***« MÖCHTE »***	***MÖGEN***

Ex : *Ich will und mag arbeiten* ⇨ Tu veux travailler et tu aimes ça !

Ex : *Ich möchte gern einen Tee trinken, bitte.* ⇨ Tu es poli avec le serveur.

TOP CHRONO
C'est l'interro !

[Chaque bonne réponse donne droit à 1 point.]

1. Choisis entre « *sollen* » et « *sollte* ». Pense à conjuguer ! *6 min*

a. *Wir .... für die Prüfung um 8 Uhr vor der Tür warten.*

b. *Du .... mit deinen Eltern höflicher reden.*

c. *Du .... nicht töten, heißt es in der Bibel.*

d. *Du .... vielleicht eine Pause machen, du bist kaputt!*

2. Barre le modal le moins adapté à la situation. *6 min*

a. *Ich bin depressiv. Ich muss – soll einen Psychologen konsultieren.*

b. *Du hast Kopfschmerzen? Dann musst – sollst du Aspirin nehmen.*

c. *Er war bei der Polizei. Er muss – soll noch ein 6. Papier bringen.*

d. *Achtung! Stopp-Stelle! Du musst – sollst anhalten.*

3. Quel est le sens de « *können* » ? Coche la bonne réponse :
A = Je l'ai appris
B = Je peux matériellement faire
C = Ce n'est pas interdit. *6 min*

a. *Er ist Architekt. Er kann also dieses Haus konzipieren.*

b. *Kannst du Gitarre spielen?*

c. *Wir können Snowboard fahren. Es gibt Schnee!*

d. *Das Auto kostet 30.000 €. Ich kann es noch kaufen.*

e. *Auf dieser Fahrrad-Piste können wir auch spazieren gehen.*

f. *Ich bin 26 und kann noch nicht Auto fahren.*

A	B	C

SCORE
...... *pts*

12 PRÉTÉRIT DE L'INDICATIF

Je révise

Ce temps se forme sur son radical prétérit avec les terminaisons du passé (rien) / -st / (rien) / -en / -t /-en. Il exige la connaissance de la liste des verbes forts afin de savoir si le radical sera régulier ou irrégulier. Voir fiches n° 67-69.

- **Si le verbe est faible,** on forme son radical en ajoutant -TE au radical de l'infinitif et les terminaisons. Du coup, le **-en** du pluriel devient **-n**.

*Ich sag**te***	*Du sag**test***	*Er sag**te***	*Wir sag**ten***	*Ihr sag**tet***	*Sie sag**ten***

- **Si le verbe fait partie des verbes forts,** il faut savoir son radical spécifique et ajouter les terminaisons. Pour *leihen*, le radical est *lieh* :

Ich lieh	*Du lieh**st***	*Er lieh*	*Wir lieh**en***	*Ihr lieh**t***	*Sie lieh**en***

- **Pour les verbes faibles, on ajoute un *E* intercalaire** avant le -TE quand le radical infinitif se termine par *D, DD, T, TT,* parfois *M* ou *N* quand ils sont précédés d'une autre consonne :

Er umrandete	*Er wartete*	*Es regnete*	*Er atmete*
Il encadra	Il attendit	Il plut	Il respira

Mais : *er stemmte* (il appuya), *er leimte* (il colla), *er raunte* (il chuchota).

- **Le prétérit peut se rendre en français** par le passé simple ou l'imparfait.

  Ex : *Als ich sie anrief, backte sie gerade einen Kuchen* : lorsque je l'appelai, elle était en train de faire un gâteau.

- **Pour des verbes de modalité**, reporte-toi à la fiche n° 8-9.

À l'oral, le prétérit est souvent remplacé par le passé composé comme en français avec le passé simple. Cependant, le prétérit des auxiliaires et des verbes modaux restent partout très vivants.

TOP CHRONO
C'est l'interro !

[Chaque bonne réponse donne droit à 1 point.]

(Fiches des verbes forts n° 67-69)

1. Faible (Fa) ou fort (Fo) ? Entoure la bonne réponse. *4 min*

	Fa	Fo		Fa	Fo
Er fiel	☐	☐	*Sie kratzte*	☐	☐
Ich schmeckte	☐	☐	*Ihr stahlt*	☐	☐
Es floss	☐	☐	*Du erweitertest*	☐	☐
Wir trugen	☐	☐	*Er starb*	☐	☐
Sie brach	☐	☐	*Er erinnerte*	☐	☐

2. Retrouve l'infinitif de ces verbes au prétérit.

er	*sagte*	....	*ihr*	*last*	....
sie	*warf*	....	*er*	*drückte*	....
du	*stiegst*	....	*sie*	*dachte*	....
es	*blieb*	....	*es*	*kam*	....
sie	*leitete*	....	*er*	*stank*	....
er	*sah*	....	*sie*	*setzte*	....
du	*rochst*	....	*du*	*gewannst*	....
du	*ließt*	....	*es*	*bedeutete*	....
ich	*integrierte*	....	*er*	*traf*	....
er	*gedenkt*	....	*sie*	*tat*	....

SCORE

...... pts

13 PARTICIPE PASSÉ

Je révise

Cette fiche recoupe avec beaucoup d'autres sujets de révision où le participe passé est indispensable : les temps composés de tous les modes, les adjectifs épithètes ou la voie passive.

- **Pour être prêt à toute éventualité à l'écrit comme à l'oral**, tu devrais arriver à chaque évaluation en te demandant si tu peux donner pour chaque verbe utilisé en fin de phrase sa forme infinitive et son participe passé. Ou tu dois encore **faire** ou tu as déjà **fait**, c'est **à chanter** ou déjà **chanté**... Cette paire te servira certainement.
  - *Ich kann es machen* ou *Ich habe es gemacht*.

- **La caractéristique du participe passé est l'augment GE-** ajouté devant le radical régulier ou irrégulier du verbe. Reporte-toi à la liste des verbes forts pour connaître les formes irrégulières.

  On ne met pas de GE- aux verbes d'origine étrangère, notamment en *-ieren*, ni aux verbes allemands comportant un préverbe inséparable :

GE-	*MISS-*	*ZER-*	*BE-*	*ER-*	*EMP-*	*ENT-*	*VER-*

  ***Ge**sagt (dit)* • ***ge**schwommen* (nagé) • ***ge**gangen* (allé) • ***ge**endet* (fini) MAIS

  Interniert (interné) • *gelungen* (réussi) • *missfallen* (déplu) • *zerstört* (détruit) • *bearbeitet* (retravaillé) • *erloschen* (éteint) • *empfangen* (reçu) • *entsorgt* (éliminé) • *verlaufen* (perdu)

- **Le participe passé du verbe faible se termine par un -T** tandis que celui des verbes forts doit plutôt s'apprendre par cœur sans se référer à une quelconque règle.

  *[Er hat] gesag**t*** (dit) • Irréguliers : *[Er hat] getan* (fait) • *[Er hat] genannt* (nommé)

TOP CHRONO
C'est l'interro !

[Chaque bonne réponse donne droit à 1 point.]

1. Indique le participe passé de ces verbes sans l'auxiliaire. *3 min*

a. *Manövrieren* ⇨ ....

b. *Schauen* ⇨ ....

c. *Interviewen* ⇨ ....

d. *Anfangen* ⇨ ....

e. *Sein* ⇨ ....

f. *Essen* ⇨ ....

g. *Eintreten* ⇨ ....

h. *Entfallen* ⇨ ....

i. *Behalten* ⇨ ....

j. *Gewinnen* ⇨ ....

2. Complète les phrases en mettant le verbe entre parenthèses au participe passé. [Voir fiches n° 67-69 pour participes des verbes forts] *3 min*

a. *Ich habe den Direktor darauf .... (ansprechen)*

b. *Wir haben alle auf ein besseres Benefiz .... (hoffen)*

c. *Er hat den Mount Everest .... (ersteigen)*

d. *Ich habe mit 18 Jahren fahren .... (lernen)*

e. *Die Mentalitäten haben sich sehr .... (entwickeln)*

f. *Jeder ist mit einem Fahrrad .... (fahren)*

g. *Du hast die Karte falsch .... (lesen)*

h. *Die Wikinger sind von Norden in den Süden .... (wandern)*

i. *Der Spieler hat den Ball .... (verpassen)*

j. *Mein Freund hat mir seine Lesebrille .... (leihen)*

k. *Ich habe meiner Mutter .... (lügen)*

l. *Wir sind alle durch den Wald .... (laufen)*

SCORE

...... *pts*

14

TEMPS COMPOSÉS PASSÉS DE L'INDICATIF

Je révise

Les temps composés qu'on nomme le « parfait » et le « plus-que-parfait » se forment comme en français : ils sont constitués d'un auxiliaire (être ou avoir) et du participe passé du verbe concerné. Il faut donc maîtriser la conjugaison des auxiliaires et savoir quels verbes sont dans la liste des verbes forts ou irréguliers !

- **Reporte-toi à la fiche n° 13** si tu veux encore réviser la formation et l'emploi des participes passés dont la connaissance est ici une condition *sine qua non*.

- **Le parfait se forme avec** l'auxiliaire au présent et le participe passé du verbe.

  Ex : *Er ist geblieben* : il est resté.

  Ex : *Er hat gemacht* : il a fait.

- **Le plus-que-parfait est composé** d'un auxiliaire au prétérit et du participe passé.

  Ex : *Er war geblieben* : il était resté.

  Ex : *Er hatte gemacht* : il avait fait.

- Le choix de l'auxiliaire peut se déduire, mais il est plus prudent de l'apprendre en même temps que le verbe lui-même.
  - Avec « *sein* » : les auxiliaires, verbes intransitifs exprimant un événement, mais aussi un changement d'état, de position ou de lieu. Traditionnellement, on parle aussi de verbes de mouvement.
  - Avec « *haben* » : par élimination, tous les autres cas, notamment les verbes transitifs, réfléchis ou modaux.

TOP CHRONO
C'est l'interro !

1. Mets ces phrases au parfait. [1 pt formes, 1 pt positions] *3 min*

a. *Ich spreche mit dir* : ....

b. *Ich kaufe dieses Haus* : ....

c. *Wir engagieren uns dafür* : ....

d. *Sie fährt mit* : ....

e. *Du liest gerne Comics* : ....

f. *Ihr integriert euch schlecht* : ....

g. *Er trägt die Tasche für sie* : ....

2. Mets ces phrases au plus-que-parfait. [1 pt formes, 1 pt positions] *3 min*

a. *Ich diskutierte mit dem Direktor.* ....

b. *Sie reisten nach Stuttgart.* ....

c. *Wir kauften ein teures Auto.* ....

d. *Er verließ sein Haus jeden Tag um 5.* ....

3. Coche parfait (P) ou plus-que-parfait (PQP) ? [1 pt] *1 min*

	P	PQP
a. *Wir hatten zusammengearbeitet.*	☐	☐
b. *Er war mit seiner Frau in die kommunistische Partei eingetreten.*	☐	☐
c. *Wir haben einen Computer gekauft.*	☐	☐
d. *Sophie Scholl hat Flugblätter an der Uni verteilt.*	☐	☐

SCORE

...... pts

15 LE SUBJONCTIF (1)

Je révise

Le subjonctif 1 est un mode inexistant en français. L'allemand l'utilise pour rapporter les paroles d'un autre et pour marquer sa neutralité.

- **Ci-dessous, on enlève le « N »** de *sagen, können, haben* et *werden* et on ajoute les terminaisons **ø / st / ø / n / t / n**.

Ich	*Sage*	*Könne*	*Habe*	*Werde*
Du	*Sage**st***	*Könne**st***	*Habe**st***	*Werde**st***
Er / sie / es	*Sage*	*Könne*	*Habe*	*Werde*
Wir	*Sage**n***	*Könne**n***	*Habe**n***	*Werde**n***
Ihr	*Sage**t***	*Könne**t***	*Habe**t***	*Werde**t***
Sie	*Sage**n***	*Könne**n***	*Habe**n***	*Werde**n***

- **Pour l'auxiliaire « *sein* »**, pense à intercaler un « e » au pluriel.
  - *Ich sei • du sei(e)st • er sei • wir seien • ihr sei(e)t • sie seien.*

- **Pour le futur**, il suffit de prendre « *werden* » au subjonctif 1.
  - *Er werde sagen / du werdest haben / sie werde schlafen...*

- **Le parfait du subjonctif 1 est comme celui de l'indicatif** à la différence près que tu dois mettre l'auxiliaire « *haben* » ou « être » au subjonctif 1.
  - *(Er sagt) Er* habe *im Ministerium gearbeitet. / Er* sei *nach Kenya geflogen.*

- **Verbes en -eln** : il y a un « e » de trop quand on a rajouté la terminaison au radical. Donc on enlève le premier : *Segeln* ⇨ *er segle*. En revanche, pour des raisons euphoniques, on conserve ce « e » pour les verbes en -ern : *meistern* ⇨ *er meistere.*

TOP CHRONO
C'est l'interro !

1. Coche les phrases où tu as remarqué la présence d'un verbe au subjonctif 1 quelle que soit sa position dans la phrase ou son temps. Observe les terminaisons ! [1 pt] *6 min*

a. *Sie sagt, er müsse mehr lernen, wenn er den Job bekommen will.* ☐
b. *Wenn sie arbeiten, trinken sie keinen Alkohol.* ☐
c. *Sie wird eine Villa in Sizilien kaufen.* ☐
d. *Wir hörten, dass der Terroranschlag 24 Personen getötet habe.* ☐
e. *Sie erzählen, dass der Busfahrer Droge einnehme.* ☐
f. *Er soll noch an der Station auf seine Mutter warten.* ☐
g. *Er meint, dass die Attacke um 4 Uhr passiert sei.* ☐
h. *Er kann nicht sehr gut Chinesisch sprechen.* ☐
i. *Ich finde es gut, dass Schalke 04 verloren hat.* ☐
j. *Die Polizei berichtet, dass der Terrorist getötet worden sei.* ☐

2. Complète avec le verbe entre parenthèses conjugué au subjonctif 1. [2 pts] *5 min*

a. *Der Journalist erklärte, dass die Firma mit Offshore-Banken .... (arbeiten).*

b. *Er sagte mir, er .... (wollen) seinen Beruf wechseln.*

c. *Sie erzählte, dass ihr Sohn in Thailand an der Malaria erkrankt .... (sein).*

d. *Der Polizist sagte, der Mörder .... (haben) keine Komplizen.*

e. *Der Chef sagt, dass nur ein Mitarbeiter an dieser Maschine arbeiten .... (können).*

SCORE
...... pts

16 LE SUBJONCTIF 2 (2)

Je révise

Ce mode est utile en cycle terminal pour formuler des conditions, des hypothèses, des regrets ou des doutes.

- **Pour les verbes réguliers**, il se forme avec « *würde* + infinitif du verbe ».

  Ex : *Er würde sagen* = il dirait

  Ex : *ich würde arbeiten* = je travaillerais

- **Pour les verbes forts**, on part du radical du prétérit auquel on ajoute « e » et les trémas sur les voyelles A, O et U. On rajoute les terminaisons : Ø, st, Ø, n, t, n. Étapes à suivre par exemple : *tragen à trug à trug +* ***e*** *à trü**ge*** (= porterait)

  ÄIch trüge, du trügest, er trüge, wir trügen, ihr trüget, sie trügen.

- **Pour les verbes faibles irréguliers, dits mixtes**, les verbes *brennen, kennen, nennen, rennen, senden, wenden,* remplacent le **A** du prétérit par un **E** : *ich kennte, ich nennte, ich sendete…*

- **Pour les verbes modaux**, reporte-toi à la **fiche n° 9**.

- **Tu dois maîtriser le subjonctif 2 des trois auxiliaires**, notamment de « *werden* » qui, dans la langue orale, sert à faire le subjonctif 2 des verbes faibles et forts.

	Werden	Haben	Sein	Tun	Fahren	leiden	fliegen
Ich	*würde*	*hätte*	*wäre*	*täte*	*führe*	*litte*	*flöge*
Du	*würde**st***	*hätte**st***	*wäre**st***	*täte**st***	*führe**st***	*litte**st***	*flöge**st***
Er / sie	*würde*	*hätte*	*wäre*	*täte*	*führe*	*litte*	*flöge*
Wir	*würde**n***	*hätte**n***	*wäre**n***	*täte**n***	*führe**n***	*litte**n***	*flöge**n***
Ihr	*würde**t***	*hätte**t***	*wäre**t***	*täte**t***	*führe**t***	*litte**t***	*flöge**t***
Sie	*würde**n***	*hätte**n***	*wäre**n***	*täte**n***	*führe**n***	*litte**n***	*flöge**n***

TOP CHRONO
C'est l'interro !

[Chaque bonne réponse donne droit à 1 point.]

1. Donne le subjonctif 2 présent à la même personne que celle de ces verbes conjugués au présent de l'indicatif.
[cf. Fiche verbes forts]

2 min

a. *Ich werde* ⇨ ....
b. *Ich studiere* ⇨ ....
c. *Er hat* ⇨ ....
d. *Du fragst* ⇨ ....
e. *Ich habe* ⇨ ....
f. *Er arbeitet* ⇨ ....
g. *Ich bin* ⇨ ....
h. *Ihr ruft* ⇨ ....

2. Remplace la forme classique par la tournure en « *würde* ».

a. *Ich stiege* ⇨ ....
b. *Ich stürbe* ⇨ ....
c. *Ich sähe* ⇨ ....
d. *Ich vergäße* ⇨ ....
e. *Ich flöhe* ⇨ ....
f. *Ich nähme* ⇨ ....
g. *Ich bräuchte* ⇨ ....
h. *Ich ginge* ⇨ ....

3. Entoure les verbes au subjonctif 2 dans ce texte, que la forme soit simple ou composée.

Zehn Minuten später komme ich am Zoo an. Von meinem Freund gibt es keine Spur. Es wäre besser gewesen, wenn ich mein Handy genommen hätte. Ich könnte ihn jetzt anrufen. Dieser Apparat ist echt super in solchen Situationen. Ich würde schnell auf sein Foto klicken und so wüsste ich sofort, wo er ist. Es ist nicht schlimm. Ich warte ein bisschen auf ihn. Oder könnte es sein, dass ich eine falsche Uhrz0eit notiert hätte? Vielleicht kommt er gar nicht. Nach 15 Minuten Wartezeit erscheint er immer noch nicht. So entscheide ich mich, nach Hause zu fahren, um ihn anzurufen. Er sagte mir, ich wäre schuld, weil ich nicht immer gut zuhöre, wenn man mit mir redet.

SCORE
...... pts

17

SUBJONCTIF 2 ET DISCOURS INDIRECT

Je révise

On parle du subjonctif 2 de substitution quand la forme du subjonctif 1 est identique à celle du présent de l'indicatif. On la remplace par son equivalent du subjonctif 2.

- **Les formes communes à l'indicatif et au subjonctif 1** sont principalement au pluriel car la terminaison **-en** se confond dans les deux cas.
  - *Sie heiraten* (présent indicatif) = *sie heiraten* (présent subjonctif 1). Si la personne qui rapporte le discours ne veut pas prendre position, elle doit donc remplacer ici le *heiraten* par *heiraten würden*. La similitude avec l'indicatif a donc disparu.

- **La substitution se fait aussi bien au présent, qu'au futur ou au passé** car le verbe conjugué est indistinctement au pluriel (*werden, haben*).
  - *Paul und Anna heiraten bald.* ⇨ *Ich habe gehört, dass Paul und Anna bald heiraten würden* (mieux que *heirateten).*
  - *Paul und Anna werden nächste Woche heiraten.* ⇨ *Mama sagt, dass Paul und Anna nächste Woche heiraten würden.*
  - *Paul und Anna haben gestern in der katholischen Kirche geheiratet.* ⇨ *Mama sagt, dass Paul und Anna gestern in der katholischen Kirche geheiratet hätten.*

- **Avec le subjonctif 2**, je peux également exprimer un doute ou un désaccord si je l'utilise bien qu'il n'y ait pas de confusion possible entre l'indicatif et le subjonctif 1.

  Ex : *Sarah erzählt, dass sie ihren Führerschein hätte* (au lieu de *habe*) : Sarah raconte qu'elle aurait son permis de conduire (Ici, je crois qu'elle se vante ou ment.)

  Cet usage du subjonctif 1 et 2 est très fréquent dans la presse écrite et audiovisuelle, presque plus que dans la littérature. Il est important de savoir reconnaître un subjonctif 2 de substitution dans un texte d'examen ou dans un enregistrement pour repérer les sentiments et l'état d'esprit des protagonistes.

TOP CHRONO
C'est l'interro !

[Chaque bonne réponse donne droit à 1 point.]

1. Transforme les phrases suivantes au discours indirect. *5 min*

a. *„Sie haben ihr Haus ganz renoviert." Meine Freundin sagte, dass*

....

b. *„Alle korrupten Politiker machen sich viel Geld mit der Mafia." Martha sagte mir, dass*

....

c. *„Die Opfer des Attentats sind anonym begraben worden." Man hat mir erzählt, dass*

....

d. *„Die Mädchen in Indien nach der Geburt getötet werden." Ich habe gehört, dass*

....

e. *„Alle Frauen gucken neidisch auf die Kleider der anderen Frauen." Papa erzählte mir, dass*

....

2. Mets au subjonctif 2 le verbe concerné par le discours indirect afin d'exprimer ton doute sur la véracité du discours rapporté.

a. *Er sagt mir, er habe in Australien ein Krokodil erschossen.*

Verbe modifié : ....

b. *Meine Freundin behauptet, dass sie nicht mehr Asthmatikerin sei.*

Verbe modifié : ....

SCORE

...... pts

18 TEMPS COMPOSÉS PASSÉS DU SUBJONCTIF

Je révise

Les temps composés des deux subjonctifs qu'on nomme simplement « passés » sont constitués d'un auxiliaire (être ou avoir) et du participe passé du verbe concerné. Il faut donc maîtriser la conjugaison des auxiliaires aux deux subjonctifs et savoir quels verbes sont dans la liste des verbes forts ou irréguliers !

- Reporte-toi à la fiche n° 13 si tu veux encore réviser la formation et l'emploi des participes passés dont la connaissance est ici une condition *sine qua non*. Les fiches n° 1-2 portent sur la conjugaison des auxiliaires !

- **Le passé du subjonctif 1 se forme avec** l'auxiliaire au présent du subjonctif 1 et le participe passé du verbe.

  Ex : *Sie sagte mir, er* ***sei*** *dort* ***geblieben*** :
  Elle me dit qu'il est resté là-bas.

  Ex : *Sie sagte mir, er* ***habe*** *es* ***gemacht*** :
  Elle me dit qu'il l'a fait.

- Ce n'est pas le temps du verbe principal (« *sagte* ») qui compte ici, c'est celui de la subordonnée avant de passer au discours indirect.

  Ex : Il me dit : « Je l'ai modifié » (Passé !) ⇨ Clara me dit qu'il **l'a modifié**.
  Er sagte mir : „Ich habe es verändert" ⇨ Clara sagte mir, er habe es verändert.

- **Le passé du subjonctif 2 est composé** d'un auxiliaire au présent du subjonctif 2 et du participe passé du verbe concerné.

  Ex : *Er* ***wäre*** *gerne* ***geblieben*** : il serait volontiers resté.

  Ex : *Er* ***hätte*** *es* ***gemacht*** : il l'aurait fait.

TOP CHRONO
C'est l'interro !

[Chaque bonne réponse donne droit à 2 points.]

1. Entoure la lettre des phrases qui sont au passé du subjonctif 2. *4 min*

a. *Wenn meine Eltern einverstanden gewesen wären, wäre ich nach Chicago gefahren.*

b. *Ich hätte eigentlich keine Lust ins Schwimmbad zu gehen.*

c. *Warum hätte ich etwas machen müssen?*

d. *Ich hätte Angst, wenn ich vor 5000 Personen sprechen sollte.*

e. *Mein Vater sagt, ich würde zu lange warten, um einen Job zu suchen.*

2. Passe du présent du subjonctif 2 au passé du subjonctif 2. *3 min*

a. *Wenn ich nur schneller spräche!* ....

b. *Wenn ich bloß besser wäre!* ....

c. *Wenn ich doch besser Schi fahren würde!* ....

d. *Wenn ich bloß mehr Mut hätte!* ....

3. Passe du subjonctif 1 présent au passé du subjonctif 1. *4 min*

a. *Er schreibe* • **b.** *Sie unterdrücke* • **c.** *Er gehe*

a. .... • **b.** .... • **c.** ....

SCORE

...... pts

19 PASSIF

Je révise

La voie passive est plus fréquente en allemand qu'en français. On la repère grâce à l'auxiliaire « werden ». Un élève de niveau B2 doit savoir former un passif.

- **Il faut en priorité maîtriser la conjugaison de « *werden* » (fiches n° 1-2)** et ne pas confondre avec l'auxiliaire « *sein* ». Le français utilise le second par traduction mécanique de la tournure passive française : « la souris est mangée par le chat ». La conjugaison est la même que pour le verbe « *werden* », sauf au participe passé :

  Werden (devenir) ⇨ *geworden* (= devenu) ≠ *werden* (passif) ⇨ *worden* (= été)

- **Il faut ensuite mettre le verbe de l'action au participe passé**, et faire attention à sa place dans la phrase. Le complément d'agent est introduit par la préposition « *von* » ou parfois par « *durch* » si on veut plutôt insister sur le moyen utilisé.

- **Pour être honnête, on veut trop souvent partir de l'actif** pour faire une phrase passive. Cela grammaticalise et embrouille trop la réflexion. Fais ta phrase de suite au passif en te demandant ce qui est fait par qui/quoi ! Pense en allemand !

  Exemples de phrases (notion du progrès) :

  Ex : *Die Daten werden auf der Festplatte gespeichert* : Les données sont enregistrées sur le disque dur.

  Ex : *Die biometrischen Pässe sind von der Polizei kontrolliert worden* : Les passeports biométriques ont été contrôlés par la police.

  Ex : *Der Patient wurde durch neue Medikamente behandelt* : Le patient fut traité par de nouveaux médicaments.

TOP CHRONO
C'est l'interro !

1. Futur, voie passive ou les deux ? Coche en conséquence. [1 pt] *2 min*

	Futur	Passif	Les deux
a. *Die Kinder wurden eingeschult.*	☐	☐	☐
b. *Die Polizei wird das Haus kontrollieren.*	☐	☐	☐
c. *Der Mythos wird später deformiert werden.*	☐	☐	☐
d. *F. Hollande wird nicht mehr kandidieren.*	☐	☐	☐

2. Traduis en français sans passer par le passif ! [1 pt] *2 min*

a. *Heute wird das Auto gewaschen.* ....

b. *Es muss gemacht werden.* ....

c. *Jetzt wird getanzt!* ....

3. Mets à la voie passive. Respecte bien le temps initial !
[2 pts verbe, 1 pt complément d'agent et toute la déclinaison, 1 pt pour la place des mots] *3 min*

a. *Der Löwe hatte die Gazelle gefressen.*

....

b. *Die Polizisten kontrollierten den Verkehr auf der Autobahn.*

....

c. *Die Kandidaten schreiben heute die Flyer für die Kampagne.*

....

d. *Der Vater hat seine Kinder strikt erzogen.*

....

SCORE
...... pts

20 L'ARTICLE DÉFINI ET INDÉFINI

Je révise

Défini ou indéfini, la déclinaison est quasi similaire à l'exception de la forme « *ein* » au nominatif masculin et neutre ou à l'accusatif neutre.

- **La déclinaison des articles** se résume par le tableau suivant :

	Masculin		Féminin		Neutre		Pluriel	
	Le	Un	La	Une	Le	Un	Les	Des
Nominatif	*der*	***ein***	*die*	*eine*	*das*	***ein***	*die*	Ø
Accusatif	*den*	*einen*	*die*	*eine*	*das*	***ein***	*die*	Ø
Datif	*dem*	*einem*	*der*	*einer*	*dem*	*einem*	*den*	Ø
Génitif	*des*	*eines*	*der*	*einer*	*des*	*eines*	*der*	Ø

- **La négation de l'article indéfini** « *ein* » est *kein*. Elle se décline comme lui. On utilise également « *kein* » au pluriel pour nier un nom employé sans article.
  - *Er hat Tomaten gekauft ⇨ er hat keine Tomaten gekauft.*
  - *Willst du ein Eis? ⇨ Nein danke, ich will kein Eis.*

- **On n'emploie pas l'article quand** c'est un concept général ou une idée générique, quand il s'agit de noms propres, de titres, de métiers. En revanche, s'il le nom propre est complété par un adjectif ou un complément, il faut ajouter l'article. Avec certains compléments de temps, on n'emploie pas l'article défini.
  - *Klaus kommt. ⇨ der nette Klaus kommt.*
  - *Bundeskanzlerin Angela Merkel. ⇨ Die Bundeskanzlerin Deutschlands heißt Merkel.*
  - *Mein Vater ist Elektriker bei Bosch. ⇨ Der Elektriker kommt heute um 5 Uhr.*

  Ex : *Ich komme Mitte September* : Je viens à la mi-septembre.

TOP CHRONO
C'est l'interro !

[Chaque bonne réponse donne droit à 1 point.]

1. La traduction est-elle juste ou fausse ? *2 min*

	Juste	Faux
a. *Er trägt nie Unterhemden.* // Il ne porte jamais ces maillots.	☐	☐
b. *Ich lese Goethes Werke.* // Je lis les œuvres de Goethe.	☐	☐
c. *Er ist Engländer.* // Il est Anglais.	☐	☐

2. Mettrais-tu un article ? Complète au besoin ou laisse vide. *6 min*

a. *Ich trinke nie* .... *Bier.* (Je ne bois jamais de bière)

b. *An* .... *Montag ging er nicht zur Schule.* (Ce lundi-là, il n'alla pas à l'école.)

c. *Ich habe* .... *Orangen gekauft.* (J'ai acheté des oranges.)

d. *Er hat* .... *Sterne beobachtet.* (Il a observé les étoiles.)

e. *Ich will* .... *Chirurg werden.* (Je veux devenir chirurgien.)

f. .... *Kanzlerin Merkel will ein 4. Mandat machen.* (La chancelière Merkel veut faire un 4e mandat.)

g. *Er bewundert* .... *mutige Sophie Scholl.* (Il admire la courageuse Sophie Scholl.)

3. Nie les phrases suivantes. *3 min*

a. *Er hat Droge.* ≠ ....

b. *Er mag die Frau.* ≠ ....

c. *Ich will ein Bier.* ≠ ....

d. *Sie spielen Gitarre* ≠ ....

SCORE

...... pts

21 LES DÉTERMINANTS DÉMONSTRATIFS

Je révise

De forme simple ou complexe, les déterminants démonstratifs se conjuguent comme l'article défini « ***der, die, das*** ». « ***Dies*** » invariable signifie « ça ».

- **La déclinaison des démonstratifs simples** « *dies* » et « *jen* » pour « celui-ci » et « celui-là » est résumée dans le tableau suivant :

	Masculin	Féminin	Neutre	Pluriel
Nominatif	*dieser / jener*	*diese / jene*	*dieses /jenes*	*diese / jene*
Accusatif	*diesen / jenen*	*diese / jene*	*dieses / jenes*	*diese / jene*
Datif	*diesem / jenem*	*dieser / jener*	*diesem/ jenem*	*diesen / jenen*
Génitif	*dieses / jenes*	*dieser / jener*	*dieses / jenes*	*dieser / jener*

- **Dans la langue orale courante, l'article défini** a également valeur de démonstratif à ceci près qu'il est plus accentué que l'article pour contraster.

  Ex : *Hast du den gesehen?* : Tu l'as vu celui-là ? (Insister sur « *den* » en lisant !)

Attention ! Au datif pluriel, la forme sera « *denen* ».

- **Les adverbes postposés** « *hier* » ou « *da* » ou « *dort* » (ici, là, là-bas) servent à renforcer le démonstratif comme en français dans celui-**ci** ou celui-**là**.

  Ex : Dieses *Haus* dort *gefällt mir sehr* : Cette maison-là me plaît beaucoup.

- **Les formes complexes *derjenige, diejenige, dasjenige* et *diejenigen*** se composent de l'article décliné normalement et de *jenig* décliné comme un adjectif épithète normal. Ils rendent la tournure « celui qui », « celle qui », « ce qui », etc.

  Ex : *Derjenige, der fett isst, wird krank* : Celui qui mange gras, va être malade.

  Ex : *Er sah diejenigen, die auswandern wollten* : Il vit ceux qui voulaient émigrer.

  En langue orale, on peut remplacer cette tournure par « *der, der* », etc.

  Ex : *Der, der will, kommt mit!* Celui qui en a envie, vient avec moi !

TOP CHRONO
C'est l'interro !

[Chaque bonne réponse donne droit à 1 point.]

1. Complète avec le démonstratif sous la forme de l'article. *3 min*

a. ...., *die ein Ticket wollen, müssen vor der Kasse anstehen.*

b. *Ich arbeite nur mit* ...., *die kollaborieren wollen.*

c. ...., *was du machst, ist moralisch nicht korrekt.*

d. *Er will mit* ...., *der intolerant ist, eine klare Diskussion haben.*

2. Remplace le mot souligné par un adjectif démonstratif. *3 min*

a. *Welche Orangen, <u>die hier</u> oder <u>die dort</u>?* ⇨ .... / ....

b. *Ich mag <u>den</u> gelben Anorak nicht.* ⇨ .... *gelben Mantel*

c. *<u>Der</u> Chef spricht mit <u>dem</u> Mitarbeiter.* ⇨ .... *Boss /* .... *Mitarbeiter*

d. *<u>Der</u> König regierte lange über <u>das</u> Land.* ⇨ .... *Kaiser /* .... *Land*

e. *<u>Die</u> Gazelle hat Angst vor <u>dem</u> Löwen.* ⇨ .... *Gazelle /* .... *Löwen*

f. *<u>Die</u> Machtform ist diktatorisch.* ⇨ .... *Machtform*

3. Commment dirais-tu ici pour « celui qui » et « ceux qui » ? *1 min*

a. ...., *der tolerant ist, hat mehr Freunde und Kollegen.*

b. *Er hat eine Macht über* ...., *die es akzeptieren.*

SCORE
...... *pts*

22 LES DÉTERMINANTS POSSESSIFS

Je révise

Les déterminants possessifs se conjuguent comme l'article indéfini « ***ein, eine, ein*** » ou « ***kein*** ». Le pronom se décline sur le modèle de la déclinaison forte.

- **La déclinaison des possessifs** *mein*, dein, *sein / ihr, unser, euer, ihr* ou *Ihr* pour mon, ton son, notre, votre, leur et votre est résumée dans le tableau suivant :

	Masculin	**Féminin**	**Neutre**	**Pluriel**
Nominatif	*mein*	*meine*	*mein*	*meine*
Accusatif	*meinen*	*meine*	*mein*	*meine*
Datif	*meinem*	*meiner*	*meinem*	*meinen*
Génitif	*meines*	*meiner*	*meines*	*meiner*

- **Fais attention au possessif « euer » car** le « e » intercalaire après la diphtongue « eu » tombe quand il y a une terminaison.

  Euer Vater arbeitet • ***Eure*** *Mutter arbeitet* • *Ich spreche mit* ***eurem*** *Bruder.*

- **L'erreur souvent commise par les Français** est la confusion entre « *sein* » et « *ihr* » qui traduisent « son, sa ». C'est le genre naturel ou grammatical, ou les deux, qui décident de l'emploi de l'un ou de l'autre.
  - Si le possesseur est masculin ou neutre : *sein*
  - Si le possesseur est féminin : *ihr*

    Ex : *Das ist Sarah. Ihre Mutter ist meine Patin* : c'est Sarah. Sa mère est ma tante.

    Ex : *Das ist Karl. Seine Mutter ist meine Frau* : c'est Karl. Sa mère est ma femme.

- **La forme de politesse est régulière** : ***Ihr*** (Majuscule comme pour ***Sie***).

- **Le pronom possessif n'a pas d'article comme en français.** Le mien, le tien etc. se disent *Meiner, deiner, seiner, ihrer, unserer*, etc., ou au féminin (*meine, deine*...) ou au neutre (*meines, deines*...) en fonction du mot remplacé.

  Ex : *Mein Handy ist kaputt. Komisch, meines auch!* : Mon portable est cassé. C'est rigolo, le mien aussi !

TOP CHRONO
C'est l'interro !

1. Traduis en allemand. [1 pt possessif, 1 pt place des mots] *5 min*

a. Elle ne vit plus avec son mari.

....

b. Notre père a immigré en Australie.

....

c. J'ai vu votre chat dans mon jardin. (Forme de politesse)

....

d. Quel est votre héros préféré ?

....

e. Ta mère et ma grand-mère sont de vieilles amies.

....

2. Complète avec l'adjectif possessif décliné. [1 pt par phrase] *5 min*

a. *Wir haben leider .... Katze verloren.*

b. *Klaus und Anita, was habt ihr mit .... Auto gemacht?*

c. *Frau Müller, kommen Sie mit .... Sohn herein!*

d. *Walther, was ist .... Lieblingsmythos?*

e. *Unsere Tochter will .... Hausaufgaben nicht machen!*

f. *Matthias hat mit .... Freund telefoniert.*

g. *Die Pferde haben auch .... Charakter.*

h. *Sie zeigt .... Freund .... Ferienfotos.*

i. *Christians Vater war mit .... Zeugnis nicht zufrieden.*

SCORE

...... pts

23 PRONOMS PERSONNELS

Je révise

- **Les pronoms personnels se déclinent** comme suit.

	Singulier					Pluriel		
	1re	2e	3e	3e	3e	1re	2e	3e
N	*ich*	*du*	*er*	*sie*	*es*	*wir*	*ihr*	*sie*
A	*mich*	*dich*	*ihn*	*sie*	*es*	*uns*	*euch*	*sie*
D	*mir*	*dir*	*ihm*	*ihr*	*ihm*	*uns*	*euch*	*ihnen*
G	*meiner*	*deiner*	*seiner*	*ihrer*	*seiner*	*unserer*	*eurer*	*ihrer*

- **La forme du génitif est de plus en plus archaïque** dans la langue courante. On en a néanmoins besoin après certains verbes (fiche n° 63) et certaines prépositions ou expressions prépositionnelles (fiche n° 43) suivies du génitif.

- **La formule de politesse correspond** aux pronoms de la 3e personne du pluriel auxquels on ajoute une majuscule. Reporte-toi à la fiche n° 24.

- **Le pronom réfléchi de la 3e personne singulier ou pluriel est** :

Accusatif ⇨	*Sich*	Datif ⇨	*Sich*	Génitif ⇨	*seiner*

Sa place est assez libre, mais on aime le mettre assez tôt après le verbe dans une principale ou après les pronoms **er** et **sie** dans une subordonnée.

Die Asylsuchenden beklagen sich über die schlechten Wohnverhältnisse.

Ich weiß, dass sie sich über die schlechten Wohnverhältnisse beklagen.

- **En cas de plusieurs pronoms personnels, l'ordre de priorité serait** : le nominatif, l'accusatif, le datif puis le génitif.

Morgen gebe ich es dir.

Leider erbarme ich mich deiner nicht!

Ich weiß, dass sie ihn ihm gibt.

Warum sagst du es ihnen nicht?

TOP CHRONO
C'est l'interro !

[Chaque bonne réponse donne droit à 1 point.]

1. Entoure l'intrus dans chaque série. *1 min*

a. 1. *es* • **2.** *sich* • **3.** *seiner* • **4.** *ihr*

b. 1. *ihr* • **2.** *ihrer* • **3.** *er* • **4.** *sie* • **5.** *sich*

c. 1. *ihn* • **2.** *er* • **3.** *ihr* • **4.** *ihm* • **5.** *seiner*

2. Réécris la phrase en remplaçant le nom souligné par le pronom personnel équivalent. *3 min*

a. *Ich sehe <u>die Rose</u>* ⇨ *Ich sehe* ....

b. *Wir beobachten <u>den Stern</u>.* ⇨ *Wir beobachten* ....

c. *Ich telefoniere bei <u>meinem Chef</u>.* ⇨ *Ich telefoniere bei* ....

d. *Es kommt auf <u>den Boss</u> an.* ⇨ *Es kommt auf* .... *an.*

e. *Er meint es gut mit <u>der Schülerin</u>.* ⇨ *Er meint es gut mit* ....

f. *Sie fährt mit <u>den Senioren</u>.* ⇨ *Sie fährt mit* ....

g. *Die Frau will <u>das Haus</u> kaufen.* ⇨ *Die Frau will* .... *kaufen.*

3. Décline le pronom indiqué entre parenthèses et complète. *2 min*

a. *Ich höre* .... *nicht. (du)*

b. *Er hat* .... *gut geholfen. (Sie)*

c. *Sie schreibt* .... *einen Brief. (er)*

d. *Er bittet* .... *darum. (ich)*

e. *Es bleibt nichts für* .... *(du)*

f. *Er geht zu* .... *(ihr)*

g. *Du kaufst* .... *Wasser. (sie)*

h. *Es kommt von* .... *(du)*

i. *Sag* ...., *was du glaubst. (ich)*

j. *Wir schenken es* .... *(wir)*

SCORE

...... pts

24 FORMULE DE POLITESSE

Je révise

La formule de politesse est très fréquente en allemand car le vouvoiement y est aussi représenté et respecté qu'en France. Pense à les utiliser avec les professeurs et les examinateurs.

- **La formule de politesse se forme en mettant une majuscule** au pronom personnel ou au possessif de la 3e personne du pluriel :

Vous	À vous	Votre
Sie	**Ihnen**	**Ihr**

Ex : *Ich sehe Sie heute Abend* : je vous vois ce soir.

Ex : *Ich danke Ihnen für Ihre Hilfe* : je vous remercie pour votre aide.

Ex : *Moment! Sie vergessen Ihr Portmonee!* : Attendez ! Vous oubliez votre portemonnaie. [Le verbe est donc conjugué au pluriel !]

- **Il faut donc penser à décliner l'adjectif ou le pronom possessif** comme n'importe quel possessif. La majuscule n'y change rien. (Reporte-toi à la fiche n° 4.)

Ex : *Ist das Ihr Handy?* : Est-ce votre portable ?

Ex : *Das Glas Ihres Bruders ist leer* : le verre de votre frère est vide.

Ex : *Das Haus Ihrer Familie ist schön* : la maison de votre famille est jolie.

Ex : *Ist das Ihrer?* : Est-ce le vôtre ? (ou : est-ce à vous ?)

- **En revanche, le pronom réfléchi ne prend pas la majuscule à la forme de politesse :**
  - *Bitte, setzen Sie sich doch hin!* (Mais je vous en prie, asseyez-vous!)
  - *Möchten Sie sich nicht ein bisschen erholen?* (Ne voudriez-vous pas vous reposer un peu ?)

TOP CHRONO
C'est l'interro !

1. Entoure les formes de politesse s'il y en a. [1 pt par forme] *1 min*

a. *Ich verstehe das Problem genau so schlecht wie du.*

b. *Ich rufe Sie morgen um 14 :00 Uhr an.*

c. *Die Polizei kontrollierte sie auf der Straße.*

d. *Mit Ihnen arbeite ich gern zusammen.*

2. Entraîne-toi à passer au vouvoiement en transformant ces phrases à la bonne personne.
[1 pt pour le pronom, 1 pt pour la conjugaison du verbe] *5 min*

a. *Entschuldige bitte, ich kann die Frage nicht beantworten.*

b. *Kannst du bitte wiederholen?*

c. *Deine Meinung kommt mir ja richtig vor.*

d. *Ich bin mit dir einverstanden.*

e. *Ich stimme dir nicht zu.*

f. *Ich verstehe dich nicht so gut*

g. *Kannst du langsamer reden?*

h. *Würdest du bitte den Satz umformulieren?*

a. ....

b. ....

c. ....

d. ....

e. ....

f. ....

g. ....

h. ....

SCORE

...... pts

25 PRONOM ADVERBIAL

Je révise

Caractéristique de l'allemand, le pronom adverbial formé avec une préposition sert soit à reprendre un élément déjà énoncé qui n'est pas un être animé, soit à annoncer une subordonnée qui arrive après. Il traduit la forme « y » ou « en ».

➡ **Le pronom adverbial se forme avec « *da* » et une préposition** commençant par une consonne, ou avec « *dar* » et une préposition commençant par une voyelle. (Voir fiches n° pour les prépositions.)

- *Dafür, damit, dagegen, dazu.* ⇨ *Daran, darauf, darin, darum.*

➡ **Quand il reprend un énoncé des phrases précédentes**, on l'utilise pour tous les cas où il n'y a pas de pronom personnel renvoyant à une personne ou équivalents.

- Ne confonds pas : *Er reist mit ihm* (personne). ≠ *Er reist damit* (objet).

➡ **Quand le complément de la préposition** est tout une subordonnée ou une infinitive, on relie la subordonnée à la préposition par le pronom adverbial.

Ex : *Es kommt darauf an, ob du mündig bist oder nicht* : Cela dépend s'il est majeur ou pas.

Ex : *Ich erinnere mich daran, dass er schwer krank war* : Je me rappelle qu'il était gravement malade.

Ex : *Das Spiel besteht darin, die Schiffe des Gegners zu versenken* : Le jeu consiste à couler les navires de l'adversaire.

➡ **Quand le pronom adverbial reprend un énoncé, on accentue** la préposition. Quand il annonce une subordonnée, on accentue davantage le « *DA* » en l'allongeant un peu comme si on voulait attirer l'attention de l'interlocuteur sur ce qui suit.

Ex : *Er träumt davon* : Il en rêve.

Ex : *Er träumt davon, nach Amerika zu emigrieren* : Il rêve d'émigrer en Amérique.

TOP CHRONO
C'est l'interro !

1. Inscris le pronom adverbial sous la préposition. [1 pt] 2 min

Auf	*bei*	*an*	*mit*	*gegen*	*zwischen*

2. Relie les deux propositions par le pronom adverbial. La préposition exigée par le premier verbe est entre parenthèses. [1 pt pour le pronom, 1 pt syntaxe] 6 min

a. *Sie träumt / ein schöner Mann sie heiratet. (Von)*

....

b. *Er erinnert sich / Sie sind jeden Samstag zur Tante gefahren. (An)*

....

c. *Er wartet / Alle seine Kinder mit dem Studium fertig sind. (Auf)*

....

d. *Ich danke dir / Du hast mir in Physik geholfen. (Für)*

....

3. Traduis en allemand. [1 pt pour chaque pronom] 5 min

a. Je m'en souviens. (*sich an etwas erinnern*) : ....

b. Je l'attends. (*Auf etwas warten*) : ....

c. Il y renonce. (*Auf etwas verzichten*) : ....

d. Il y pense ! (*An etwas denken*) : ....

SCORE

...... *pts*

26 GENRE DES SUBSTANTIFS

Je révise

En allemand, il est préférable d'apprendre le genre d'un mot en même temps que le mot lui-même. Toutefois, quelques règles permettent de s'y retrouver un peu.

- **Les suffixes *-schaft, -heit, -keit, -ung, -ik, -tät, -tion, -in, -erin, -ur, -ose, -is, -ive*** donnent des noms féminins.

  Die Meinung • die Politik • die Option • die Aktivität • die Freiheit • die Gesellschaft • die Heldin • die Tänzerin • die Mixtur • die Neurose • die Otitis • die Perspektive.

- **Les suffixes *-ling, -er, -ler, -ent, -and, -or, -soph, -log, -ist, -at, -nom, -ar, -är, -ast, -eur, -ismus*** donnent des noms masculins.

  Der Jüngling • der Bäcker • der Tischler • der Student • der Konfirmand • der Doktor • der Philosoph • der Psycholog • der Sozialist • der Lizenziat • der Astronom • der Sekretär • der Kommissar • der Gyminasiast • der Ingenieur • der Rassismus.

- **Les diminutifs en -chen ou -lein** sont neutres. Reporte-toi à la fiche n° 28.

- **Les mots dérivés d'un verbe** sont masculins quand il n'y aucun ajout au radical du verbe, féminins quand le radical comporte un T ou un D et neutres quand on ajoute un ***Ge-*** devant le radical.
  - *schlagen ⇨ der Schlag • drücken ⇨ der Druck • fallen ⇨ der Fall*
  - *fahren ⇨ die Fahrt • machen ⇨ die Macht • sehen ⇨ die Sicht*
  - *schwätzen ⇨ das Geschwätz* (bavardarge) • *murmeln ⇨ das Gemurmel* (marmonnage)

  Pour le reste, le genre correspond au sexe en général, mais l'étymologie du mot, que tu ne connais pas bien sûr, peut jouer aussi. Les arbres et plantes sont plutôt féminins, les métaux plutôt neutres, les pierres et les voitures plutôt masculines. Et n'oublie pas que c'est *die Sonne* et *der Mond* alors qu'en français, on a l'inverse. L'histoire des civilisations et leur schéma de pensée ancestral ont influé sur la perception du genre des êtres et des choses.

TOP CHRONO
C'est l'interro !

[Chaque bonne réponse donne droit à 1 point.]

1. Mets les mots suivants à la forme féminine. *4 min*

a. *Der Held* ⇨ ....

b. *Der Herrscher* ⇨ ....

c. *Der Professor* ⇨ ....

d. *Der Spezialist* ⇨ ....

e. *Der Sekretär* ⇨ ....

f. *Der Student* ⇨ ....

2. Coche le genre des mots suivants. *6 min*

	M	F	N		M	F	N		M	F	N
Held	☐	☐	☐	*Macht*	☐	☐	☐	*Gegenteil*	☐	☐	☐
Traktor	☐	☐	☐	*Freiheit*	☐	☐	☐	*Tausch*	☐	☐	☐
Student	☐	☐	☐	*Führer*	☐	☐	☐	*Wirtschaft*	☐	☐	☐
Gemeinschaft	☐	☐	☐	*Überwachung*	☐	☐	☐	*Gebirge*	☐	☐	☐
Lehrling	☐	☐	☐	*Spiegel*	☐	☐	☐	*Wissenschaft*	☐	☐	☐
Gelegenheit	☐	☐	☐	*Option*	☐	☐	☐	*Lauf*	☐	☐	☐
Tag	☐	☐	☐	*Fahrt*	☐	☐	☐	*Metzgerei*	☐	☐	☐
Schlaf	☐	☐	☐	*Meinung*	☐	☐	☐	*Statistik*	☐	☐	☐
Garnitur	☐	☐	☐	*Töpfchen*	☐	☐	☐	*Boden*	☐	☐	☐
Zeitung	☐	☐	☐	*Fall*	☐	☐	☐	*Assistent*	☐	☐	☐
Pneumonie	☐	☐	☐	*Milliardär*	☐	☐	☐	*Identität*	☐	☐	☐
Kommunist	☐	☐	☐	*Gebabbel*	☐	☐	☐	*Doktorand*	☐	☐	☐

SCORE
...... *pts*

27 MOTS COMPOSÉS

Je révise

Savoir composer et décomposer un mot allemand donne accès à des centaines de concepts que tu dois pouvoir comprendre au moins de manière passive. La flexibilité et le sens de la déduction logique sont de rigueur.

- **Les noms composés s'écrivent en un mot** quel que soit le nombre de mots !
  Die Altersheimpersonalpolitik : la politique du personnel des maisons de retraite.

- **Le nom se forme** de droite à gauche, donc à l'inverse du français.
  La machine à laver la vaisselle : *die Geschirr • spül • maschine*

- **Le genre du mot composé** est celui du dernier nom à droite.
  C'est « *der Einflussbereich* » (sphère d'influence) car *Bereich* est du masculin.

- **Pour lier les mots composés**, il existe quatre méthodes pour simplifier :
  - Pour les mots d'une syllabe, on attache sans aucune liaison :
    Haus + Tür ⇨ die Haustür • Macht + Haber ⇨ Machthaber
  - Pour les mots finissant par **-e**, on insère un **-n** :
    Junge + Mantel ⇨ Jungenmantel • Blume + Topf ⇨ Blumentopf
  - On met parfois le déterminant de gauche au pluriel :
    Buch + Regal ⇨ Bücherregal • Kind + Wagen ⇨ der Kinderwagen
  - Certains suffixes réclament une joncture en **-s** comme *heit, ung, schaft*... :
    *Die Meinung**s**freiheit* (Liberté de pensée) • *der Freiheitskampf* (combat pour la liberté) • *der Schwangerschaftsabbruch* (interruption de grossesse)

TOP CHRONO
C'est l'interro !

[Chaque bonne réponse donne droit à 1 point.]

1. Forme les mots composés avec les éléments proposés. *6 min*

a. *[Die Pflanzen / die Welt] la flore :* ....

b. *[Das Dioxid / die Kohle] le dioxyde de carbone :* ....

c. *[Der Wechsel / der Brief] la correspondance :* ....

d. *[bewusst / die Umwelt] écoresponsable :* ....

e. *[die Macht / der Mensch] l'homme de pouvoir :* ....

2. Quel mot correspond à la traduction ? *2 min*

a. Frontières nationales	*Landesgrenzen*	☐	*Grenzenländer*	☐
b. Majeur (doigt)	*Fingermittel*	☐	*Mittelfinger*	☐
c. Fleurs en pot	*Topfblumen*	☐	*Blumentopf*	☐
d. Journée de travail	*Tagesarbeit*	☐	*Arbeitstag*	☐
e. Langue étrangère	*Fremdsprache*	☐	*Sprachfremd*	☐

3. Quel est le genre des mots composés suivants : M – F – N ? *4 min*

a. Maschinenfabrik • **b.** Hochhaus • **c.** Pfingstmontag • **d.** Sommerblume • **e.** Spielfilm • **f.** Waisenkind • **g.** Westseite • **h.** Forstwirtschaft • **i.** Schiffbauer • **j.** Filmmusik

a............... • **b.**.............. • **c.**.............. • **d.**.............. • **e.**.............. • **f.**.............. • **g.**.............. •
h............... • **i.**.............. • **j.**..............

SCORE
...... *pts*

28 LE DIMINUTIF

Je révise

À défaut de former soi-même un diminutif, il est recommandé de le reconnaître et de l'utiliser correctement d'un point de vue grammatical. Il existe de très nombreuses variantes régionales. Le diminutif correspond au français « maison à maisonnette ».

- **Genre et pluriel** : un diminutif est toujours neutre et son pluriel toujours invariable.

  Pour former un diminutif, il faut ajouter le suffixe ***-chen*** ou ***-lein*** au mot que l'on dérive. *Der Teller* ⇨ *das Tellerchen* (l'assiette ⇨ la petite assiette, de dinette par exemple). Penser à enlever le « e » ou « en » comme dans : *die Blume* ⇨ *das Blümlein* (la petite fleur, fleurette) et *der Garten* ⇨ *das Gärtchen* (jardinet).

- **Il faut ajouter des trémas** sur la voyelle accentuée précédente quand il s'agit d'un « a », « o », « u » ou « au ».

  Die Stadt ⇨ *das St**ä**dtchen* • *das Tor* ⇨ *das T**ö**rchen* • *der Baum* ⇨ *das B**äu**mchen*

- **Pour traduire un diminutif en français**, on utilise souvent « petit ». Néanmoins, il apporte souvent une nuance affective difficile à rendre en français, notamment dans le langage pour enfants. De même, on le rencontre beaucoup dans la langue orale régionale pour les prénoms des personnes que l'on aime, comme dans les patois de France : « *Hans* ⇨ *Hänsel* » (Jeannot), « *Käthe* ⇨ *Kätsche* » (Cathi).

- Entre ***-chen* ou *-lein***, il ne faut pas hésiter : -lein est devenu littéraire, poétique même si parfois pour des raisons phonétiques, il peut habilement remplacer un -chen si la prononciation derrière un CH ou SCH n'est pas très aisée.
  - *Die Flasche* ⇨ *das Fläschlein* bien que *Fläschchen* ne soit pas imprononçable en soi.
  - En langue orale, tout visiteur des pays germanophones doit s'attendre à entendre les formes régionales du diminutif qui s'immiscent facilement dans la langue standard. On associe **-erl** à la Bavière, **-le** à la Souabe et le **-sche** au centre.

TOP CHRONO
C'est l'interro !

[Chaque bonne réponse donne droit à 1 point.]

1. La forme diminutive proposée est-elle juste ou fausse ? *2 min*

	Juste	Fausse
a. *der Baum* (arbre) ⇨ *das Baumlein*	☐	☐
b. *Das Schiff* (bateau) ⇨ *das Schiffchen*	☐	☐
c. *das Schwein* (cochon) ⇨ *das Schweinchen*	☐	☐
d. *der Pilz* (champignon) ⇨ *das Pïlzchen*	☐	☐
e. *der Löffel* (cuiller) ⇨ *das Loffelchen*	☐	☐

2. Mets les noms suivants à la forme diminutive avec *-chen*. *5 min*

1. *die Maus*	*das*	**5.** *der Topf*	*das* ....
2. *der Zug*	*das*	**6.** *der Apfel*	*das* ....
3. *die Glocke*	*das*	**7.** *das Schild*	*das* ....
4. *das Herz*	*das*	**8.** *die Tasse*	*das* ....

3. Imagine que quelqu'un te dise la phrase suivante.
De quel pays ou de quelle région vient-il avec certitude ? *1 min*

a. (Au restaurant) *Möchten Sie ein* ***bissche*** *Apfelwein dazu trinken?*

Origine du locuteur : ....

b. (Dans une vidéo informative) *Wir essen gerne* ***Kipferl*** *in der Kaffeepause.*

Origine du locuteur : ....

SCORE

...... pts

29 MASCULINS FAIBLES

Je révise

- **On désigne par « déclinaison faible » celle des masculins** qui prennent la terminaison **« -en »** partout sauf au nominatif singulier. Il n'y a pas de moyen infaillible de savoir si un mot masculin suit la déclinaison faible ou forte. Toutefois, un masculin finissant par un **-e** est un candidat sérieux et tous ceux qui terminent par **-ant**, **-and**, **-at**, **-graph**, **-soph**, **-ent**, **-ist**.

Singulier forme normale				Singulier forme en -N		Pluriel
der	*Mann*	=	*der*	*Held*	*die*	*Held**en***
den	*Mann*	≠	*den*	*Held**en***	*die*	*Held**en***
dem	*Mann*	≠	*dem*	*Held**en***	*den*	*Held**en***
des	*Mann**s***	≠	*des*	*Held**en***	*der*	*Held**en***

- **Par le dictionnaire, tu peux aussi savoir** qu'il est faible car la plupart des éditeurs indiquent entre parenthèses **(en,en)** pour un faible et **(s,¨e)** pour un fort ; sachant que le « s » est la marque du génitif et le « ¨e » la forme du pluriel, la mention (en, en) indique *a contrario* qu'il est faible à cause du premier « **en** ». La déclinaison des masculins faibles se résume donc à deux situations :

- **Fais attention aussi au mot « *Herr* »** qui prend **-n** au singulier et **-en** au pluriel !

	Singulier		Pluriel	
Nominatif	*Der*	*Herr*	*Die*	*Herr**en***
Accusatif	*Den*	*Herr**n***	*Die*	*Herr**en***
Datif	*Dem*	*Herr**n***	*Den*	*Herr**en***
Génitif	*Des*	*Herr**n***	*Der*	*Herr**en***

TOP CHRONO
C'est l'interro !

Complète selon la situation. Ce sont tous des masculins faibles. [1 pt par ligne]

8 min

a. *Der Bär............ schläft den ganzen Winter über.*

b. *Der Professor arbeitet mit dem Student............ zusammen.*

c. *Der Franzose............ diskutiert in Englisch mit einem Schwede............*

d. *Ein fiktiver Held............ ist für mich kein Held............*

e. *Meine Mutter hat einen Psycholog............ konsultiert.*

f. *Die wilden Tiere mögen den Mensch............ nicht.*

g. *Der Deutsche............ trinkt weniger Bier als der Brite............*

h. *Die Prinzessin hat sich in einen Prinz............ verliebt.*

i. *Die Armee sollte vor ihrem Herr............ niederknien.*

j. *Der Urlauber spricht einen anderen Tourist............ an.*

k. *Diese Holländerin lebt mit einem Franzose............ zusammen.*

l. *Der Herr............ der Ringe war ein großer Erfolg im Kino.*

m. *Der Journalist............ spricht mit einem Spezialist............*

n. *Es gibt einen Löwe............ auf diesem Bild.*

o. *Er hat dem Konfirmand............ gratuliert.*

p. *Der Lizenziat............ in Architektur will jetzt einen Master anfangen.*

q. *Die Student............ haben einen guten Dozent............ für Molekularbiologie.*

r. *Martin Bucer war ein bekannter Theologe............ von Straßburg.*

s. *Der Fotograf............ hat tolle Motive gefunden.*

t. *Man kann keine Karikatur über den Prophet............ der Moslems machen.*

SCORE

...... pts

30 PLURIEL DES SUBSTANTIFS

Je révise

En allemand, il est préférable d'apprendre le pluriel en même temps que le mot lui-même car il y a une trop grande diversité de formes. Voici quelques points de repère pour t'aider à trouver une certaine cohérence globale.

- **Les trois terminaisons majeures** du pluriel sont **-e**, **-en** et **-er**. On associe généralement la première aux masculins, la deuxième aux féminins et la troisième aux neutres. Mais les exceptions sont très nombreuses !
  - *Der Tag ⇨ die Tag**e** • die Blume ⇨ die Blume**n** • das Kind ⇨ die Kind**er***

- **L'inflexion de A, O, U et AU** distingue aussi le singulier du pluriel. Soit elle est employée seule, soit elle s'ajoute en plus de la terminaison **-e** ou **-er**.
  - *Der Bruder ⇨ die Br**ü**der • der Fuß ⇨ die F**ü**ß**e** • der Mann ⇨ die M**ä**nn**er***

- **Les masculins faibles ont leur pluriel en -en**, reporte-toi à la fiche n° 29.

- **Les mots étrangers d'origine <u>récente</u>** gardent souvent leur pluriel d'origine.
  - À commencer par les mots anglais contemporains !
    Das Lasso ⇨ die Lassos • das Cockpit ⇨ die Cockpits • der Chef ⇨ die Chefs

> **Attention !** Les mots anglais terminant par **-y** font un pluriel en **-ys** et non **-ies** : *Die Partys ; die Babys ; die Hobbys ; die Ladys...*

- **Les mots étrangers déjà mieux intégrés à la langue**, surtout grecs et latins anciens, conservent leur pluriel d'origine, mais parfois il cohabite avec un pluriel germanisé pour la langue courante.

  Die Charateristik ⇨ die Charakteristika ou *Charakteristiken.*

  Das Schema ⇨ die Schemata ou *die Schemas* ou *die Schemen*

TOP CHRONO
C'est l'interro !

[Chaque bonne réponse donne droit à 1 point.]

1. Donne le pluriel des mots suivants qui sont réguliers. *2 min*

Masculins		Féminins		Neutres	
Berg	⇨	*Bluse*	⇨	*Kind*	⇨ ....
Stock	⇨	*Friseusin*	⇨	*Buch*	⇨ ....
Wert	⇨	*Weise*	⇨	*Band*	⇨ ....
Lehrling	⇨	*Zeit*	⇨	*Kalb*	⇨ ....
Marker	⇨	*Zone*	⇨	*Dach*	⇨ ....
Kopf	⇨	*Frau*	⇨	*Wort*	⇨ ....

2. Ici les pluriels féminins sont plutôt masculins, les pluriels masculins sont plutôt féminins ou neutres, et les pluriels neutres sont plutôt masculins. Donne le pluriel des mots suivants. *5 min*

a. *Die Angst • Nacht • Stadt • Hand • Kraft • Wurst • Mutter*

Die ....

b. *Das Meer • Netz • Kreuz • Reich • Schiff • Ziel • Heft • Haar*

Die ....

c. *Der Held • Mensch • Friede • Wald • Name • Staat • Mann*

Die ....

SCORE

...... pts

31 LE COMPLÉMENT DU NOM

Je révise

Le complément du nom se fait avec le génitif saxon, le génitif classique et la préposition « von ». En gros, il s'agit de traduire le « de » du français.

➡ **Le génitif saxon n'est utilisé en langue moderne** que pour les noms propres : noms, prénoms, villes, pays le plus souvent. Le nom propre est placé généralement devant le nom qu'il détermine et on lui ajoute un « s » sans apostrophe. Du coup, il n'y a pas d'article au nom déterminé. En cas de titre, celui-ci est invariable.

- *Maria**s** Buch* • *Frankreich**s** Hauptstadt* • *Kaiser Napoleon**s** Krone* • *Paul**s** Glas*
- On ajoute seulement une apostrophe aux noms propres finissant par un « s », « ß » ou « z » : *Sokrates' Philosophie* • *Professor Gropius' Klasse*
- Le génitif peut être placé derrière le déterminé : *die Hymne England**s***.

➡ **Le complément du nom est traditionnellement au génitif** placé derrière le substantif qu'il détermine.

Masculin	Féminin	Neutre	Pluriel
***... des** Vaters*	***... der** Mutter*	***... des** Kindes*	***... der** Eltern*
*... von **dem** Vater*	*... von **der** Mutter*	*... von **dem** Kind*	*... von **den** Eltern*

Ex : *Die DVD meiner Eltern* : le DVD de mes parents

Ex : *Das Glas ihres Bruders* : le verre de son frère

Ex : *Das Haus der Familie Müller* : la maison de la famille Müller

➡ Après S, ß, SCH, X et Z, ajoute un « E » devant le « S » : *die Größe des Fuß**es*** – *der Herr des Schloss**es***.

➡ **Le génitif des masculins faibles est différent**. Reporte-toi à la fiche n° 29.

TOP CHRONO
C'est l'interro !

[Chaque bonne réponse donne droit à 1 point.]

1. Remplace le complément au génitif par complément introduit par la préposition « von ». *3 min*

a. *Die Märchen der Brüder Grimm :* ....

b. *Die Graffti dieser Jugendgruppe :* ....

c. *Österreichs Hauptstadt :* ....

d. *Die Politiker der westlichen Länder :* ....

2. Ajoute le complément du nom au génitif (pas avec « von »). *3 min*

a. *Es ist der Kommissar* .... *(die Stadt)*

b. *Bist du* .... *Vater? (Helena)*

c. *Die* .... *ist genial. (der Rapper)*

d. *Die Macht* .... *war groß. (das römische Reich)*

e. *Ich revoltiere mich über die Klischees* .... *(die Nazis)*

f. *Es ist der Nachteil* .... *(der Fortschritt)*

3. Traduis en allemand en utilisant le génitif saxon. *2 min*

a. La politique de Merkel est critiquée.

....

b. La voiture de Hannes est très rapide.

....

SCORE

...... pts

32 NOMS PROPRES GÉOGRAPHIQUES

Je révise

Par défaut, ne mets jamais d'article à un nom géographique désignant un pays ou une grande région historique. Vérifie ensuite si ce n'est pas une exception.

- **La règle générale commune aux langues anglo-germaniques** consiste à ne pas adjoindre d'article à un nom de pays par opposition aux langues latines comme le français.

  Frankreich : la France • *Deutschland* : l'Allemagne • *Peru* : le Pérou

- **Si ces noms géographiques doivent prendre un article** parce qu'on leur ajoute un adjectif qualificatif ou un complément du nom, ils sont tous du genre neutre. À noter que c'est la même chose pour les **villes**.

  Das traditionelle Frankreich • *Das romantische Deutschland* • *Das Peru der Inkas*

  Das Berlin der 20er Jahre • *Das mittelalterliche Paris*

- **Les noms de pays qui ont toujours un article** sont ceux qui terminent par le suffixe **-ei** (*die Türk**ei**, die Slowak**ei**, die Mongol**ei**...*), les pluriels (*die Niederlande, die Antillen, die Philippinen, die Vereinigten Staaten...*) et quelques noms qui, pour des raisons historiques ou linguistiques locales, ont un article de genre spécifique (*Der Irak, der Iran, der Kongo, der Sudan, die Schweiz, das Kosovo*).

- **En ce qui concerne les régions ou les parties d'États officiels**, c'est plus complexe. Il est plus judicieux de ne pas fixer de règle car cela varie énormément. *Lothringen* (La Lorraine), *das Elsass* (l'Alsace), *die Provence* (la Provence), *Das Burgenland* (le Burgenland), *die Steiermark* (la Styrie), *das Saarland* (la Sarre)...

- **La présence d'un article ou pas a une incidence sur le choix** de la préposition pour le lieu où l'on va : ***nach*** ou ***in***.
  - Sans article : *Ich fahre nach Russland / Frankreich / England / Paris / Berlin...*
  - Avec article : *Ich fahre in die Türkei / die Schweiz / den Iran / die USA...*

TOP CHRONO
C'est l'interro !

1. Quels noms géographiques prennent un article dans cette liste ? Note-les en dessous. [1 pt pour le pays, 1 pt pour le genre] *2 min*

Italien	*Niederlande*	*Slowenien*	*Norwegen*	*Slowakei*	*Malta*
Schweiz	*Türkei*	*Dänemark*	*Iran*	*Polen*	*Ungarn*
Albanien	*Kroatien*	*Österreich*	*Mongolei*	*Belgien*	*Irak*

....

....

....

2. Complète avec les prépositions « *in* » ou « *nach* ». [1 pt] *4 min*

a. *Die Berge* .... *der Schweiz sind sehr hoch.*

b. *Er arbeitet seit 20 Jahren* .... *den Niederlanden.*

c. *Müllers emigrieren bald* .... *Brasilien.*

d. *Die Migranten fliehen* .... *die Slowakei, dann* .... *Deutschland.*

e. *Wer will nicht einmal* .... *Miami gehen?*

f. *Er wohnt* .... *München seit seiner Geburt.*

g. *Die Gruppe will* .... *Israel fliegen, um* .... Bethleem zu beten.

3. Traduis en allemand. [1 pt pour le genre, 1 pt pour la déclinaison] *2 min*

a. Le Paris des années 20 (*20er Jahre*) : ....

b. L'Allemagne traditionnelle (*traditionell*) : ....

SCORE

...... pts

33 NOMS ET ADJECTIFS DE NATIONALITÉ

Je révise

En allemand, il existe deux formes distinctes suivant que tu utilises le substantif désignant la personne habitant un pays ou l'adjectif plus vaste dans son emploi.

➠ **Tu reconnais l'adjectif de nationalité, de langue et d'identité culturelle** au suffixe **-isch**. Note que « *deut**sch*** » est une contraction d'un ancien « *deutisch* » ! Comme c'est un adjectif, il n'a pas de <u>majuscule</u> sauf si tu parles de la langue.

spanisch • japanisch • türkisch • kroatisch • australisch • senegalesisch.

Ex : *Paella ist ein spanisches Gericht :* la paella est un plat espagnol.

Ex : *Er spricht Spanisch* : il parle espagnol.

➠ **Il ne faut pas croire qu'en mettant une majuscule à l'adjectif**, tu obtiens le nom de l'habitant ou du détenteur d'une nationalité. La forme est différente.

französisch ≠	*Der Franzose*	*dänisch ≠*	*Der Däne*
spanisch ≠	*Der Spanier*	*irisch ≠*	*Der Ire*
polnisch ≠	*Der Pole*	*italienisch ≠*	*Der Italiener*

Ex : *5 Franzosen und 3 Norweger sind im Attentat gestorben* :
5 Français et 3 Norvégiens sont morts dans l'attentat.

Ex : *5 französische und 3 norwegische Staatsbürger sind im Attentat gestorben* :
5 ressortissants français et 3 norvégiens sont morts dans l'attentat. (Tu vois la différence ici : c'est un adjectif !)

➠ **Les noms de nationalité finissant par -e** sont des masculins faibles (cf. fiche n° 29) à l'exception de « *der Deutsche* » qui est un adjectif substantivé qui se décline normalement. Reporte-toi à la fiche n° 36.

Tu auras remarqué que les noms de nationalité peuvent finir par -e, -ese, mais le suffixe le plus fréquent reste -er. Dans le doute, si tu tentes de reconstruire le nom de l'habitant d'un pays, privilégie toujours le suffixe -er.

TOP CHRONO
C'est l'interro !

1. Comment s'appelle l'habitant de ces pays ? Donne au masculin.
[1 pt chacun] *6 min*

a. *Finnland* *Der* ....
b. *Portugal* *Der* ....
c. *Slowenien* *Der* ....
d. *Polen* *Der* ....
e. *Frankreich* *Der* ....
f. *Die Türkei* *Der* ....
g. *Deutschland* *Der* ....
h. *Die Niederlande* *Der* ....

2. Inscris l'adjectif de nationalité ou de langue correspondant.
[1 pt chacun] *6 min*

a. *Die Türkei* .... *isch*
b. *Japan* .... *isch*
c. *Israel* .... *isch*
d. *Spanien* .... *isch*
e. *Amerika* .... *isch*
f. *Österreich* .... *isch*

3. Traduis en allemand. [1 pt par adjectif ou nom juste, 1 pt pour le reste] *3 min*

a. Il est Anglais, il parle anglais, mais il parle aussi japonais !

....

b. Cet Allemand épouse* une Suédoise, mais ils se parlent en espagnol. (**heiraten*)

....

c. Tu viens de Suisse ? Tu parles allemand, italien, romanche* ou français ?
[*Rhätoromanisch]

....

SCORE
...... pts

34 NOMBRES CARDINAUX ET ORDINAUX

Je révise

Tu as appris les nombres depuis le collège, cette fiche te rappelle juste les aspects grammaticaux liés aux nombres. De plus, à ce stade de l'apprentissage, il est très important que tu mémorises définitivement qu'un point derrière un nombre en fait un ordinal.

- **Les nombres sont du genre féminin** quand ils sont employés seuls. Cela se remarque donc dans les notes solaires, les nombres des loteries entre autres.

  Ex : *Ich habe in Mathe eine Zwei bekommen* : J'ai eu un 16 en maths.

  Ex : *Ich habe lauter Dreien in Physik* : Je n'ai que des 12 en physique.

- **En ajoutant la terminaison -er au nombre**, il devient masculin (pour les notes scolaires) ou sert à former un adjectif invariable ou un mot composé avec indications chiffrées. *Der Einser, der Zweier...* (Notes) / *Die Zweiergruppe...* (binôme...) / *ein Vierer Boot* (bâteau pour 4 personnes).

- **Le point après un nombre en fait un ordinal**. Ceci n'informe nullement sur la prononciation de l'ordinal. De 1 à 19, on ajoute la terminaison -te. De 20 à plus, on ajoute -ste. Il ne faut pas oublier de décliner l'ordinal comme tout adjectif épithète. (Voir fiche n° 11.)
  - *Der 2. = Der zweite :* le deuxième. *Das 43. = Das dreiundvierzigste* : le 43e.
  - **Exceptions** : le premier = *der erste* ; le troisième = *der dritte* ; le septième = *der siebte* ; le huitième = *der achte.*

- **Dans l'expression « zu + ordinal » qui indique le nombre de personnes** impliquées, on ne décline pas l'ordinal. Rarement plus haut que 12.
  - *Zu zweit :* à deux / *zu dritt* : à trois / *zu siebt* : à sept / *zu elft :* à onze
  - (On voit aussi : *zu zweien, zu dreien, zu zehnen...*)

TOP CHRONO
C'est l'interro !

[Chaque bonne réponse donne droit à 1 point.]

1. Entoure la forme juste. *2 min*

a. *Guten Morgen, wir sind (zu drei / dreien).*

b. *In diesem Zimmer schlafen sie (zu zehnt / zehn / zehnten).*

c. *Wie viele Personen seid ihr? Wir sind (sechs / sechst).*

d. *Herr Maier, dürfen wir die Arbeit (zu zweit / zwei machen)?*

2. Écris seulement les chiffres ordinaux en toutes lettres. *5 min*

a. *Napoleon III. war nicht der Sohn von Napoleon I.* ⇨ ....

b. *Wir sind heute den 23.2.* ⇨ ....

c. *Kamehameha II. war ein König von Hawaii.* ⇨ ....

d. *Heinrich VI. war ein Kaiser.* ⇨ ....

e. *Friedrich I. regierte lange.* ⇨ ....

3. Complète avec l'article voulu. *2 min*

a. *Ich habe* .... *Vier in Chemie bekommen. Ich bin traurig!*

b. *Ich kann* .... *Zweier in Physik bekommen.*

c. *Die Gewinnzahlen sind :* .... *18,* .... *2,* .... *0 und* .... *34.*

SCORE

...... pts

35 DÉCLINAISON DE L'ADJECTIF ÉPITHÈTE

Je révise

L'adjectif épithète a toujours une terminaison en soi. Déterminer laquelle dépend de la nature du déterminant ou du fait qu'il n'y en ait pas.

- **Cas n° 1** : l'adjectif est seul, on parle de déclinaison forte : l'adjectif prend la terminaison qu'aurait eu l'article défini s'il y en avait eu un sauf pour le génitif singulier masculin et neutre où l'adjectif prend « **en** » au lieu du « **es** » de « **des** ».
  - *Ich kaufe oft teure**s** Material* (car „*Ich kaufe oft da**s** Material*").
  - *Schön**e** Frauen sind oft kokett* (car „*Di**e** Frauen sind oft kokett*").
  - *Scharfe**r** Käse ist hier* (car „*De**r** Käse ist hier*").
  - *Er kauft ein Fahrrad holländisch**en** Stils*. (Donc exception !)

- **Cas n° 2** : l'adjectif est précédé de l'article défini ; on parle de la déclinaison faible où on choisit entre « **e** » ou « **en** ». Le «e» est caractéristique du nominatif singulier (y compris pour les deux formes qui lui ressemblent à l'accusatif, « *die* » et « *das* ».) Dans les autres situations, on utilise « **en** ».
  - *Der elegant**e** Mann heißt Urs.*
  - *Die zärtlich**e** Mutter und das krank**e** Kind bleiben zu Hause.*
  - *Ich bewundere das groß**e** Opfer unserer Helden*. (Bien qu'à l'accusatif !)

- **Cas n° 3** : l'adjectif est précédé de l'article indéfini « ***ein*** ». On parle de déclinaison mixte. Si « *ein* » a une terminaison, l'épithète se décline comme dans le cas n° 2. Donc seule la forme « *ein* » sans trace visible pose problème car on revient au cas n° 1. On met à l'adjectif la terminaison **-er** si c'est un mot masculin et **-es** si c'est un neutre tout en gardant l'article !
  - *Ein**e** schön**e** Frau kommt! Die trägt ein**en** toll**en** Mantel*. (cas n° 2)
  - *Ein klein**er** Mann und ein klein**es** Mädchen singen jetzt*. (cas n° 1)
    - Le cas n° 2 s'applique aux adjectifs après : *dieser, jener, jeder, welcher, alle.*
    - Le cas n° 3 s'applique aux adjectifs après : *kein, mein, dein, sein, ihr, unser, euer.*

TOP CHRONO
C'est l'interro !

1. Complète avec la bonne désinence. [1 pt pour chaque] 6 min

a. *Mit meinen langweilig........... Eltern will ich nicht in Ferien fahren.*

b. *Ein gut........... Austausch ist immer bilateral.*

c. *Er will einen hoh........... Weihnachstbaum kaufen.*

d. *Das klein........... Mädchen ist krank geworden.*

e. *Sie hat sich mit dem schönst........... Mann des klein........... Dorfes verheiratet.*

f. *Die schön........... Königin will ihre Heimat nicht verlassen.*

g. *Er hat kein neu........... Spielzeug bekommen, weil sie arm sind.*

h. *Wir sollen eine ander........... Lösung finden.*

i. *Ihre jung........... Tochter ist homosexuell.*

j. *Er will seinen alt........... Opa besuchen.*

2. Traduis en allemand. [1 pt désinence, 1 pt place de l'adjectif] 3 min

a. C'est un très bon film. (*Sehr gut*)

b. C'est une metteuse en scène très douée. (*Die Regisseurin • sehr begabt*)

c. Après la Seconde Guerre mondiale, il y a les ruines. (*der zweite Weltkrieg • Trümmer*)

a. ....

b. ....

c. ....

SCORE

...... *pts*

36

ADJECTIFS OU PARTICIPES SUBSTANTIVÉS

Je révise

Un adjectif peut se transformer en nom comme en français quand tu dis : un homme malade ou un malade. En allemand, c'est pareil : *ein kranker Mann* • *ein Kranker.*

Quand un adjectif devient un substantif, il prend logiquement une majuscule.

- *arbeitslos* ⇔ *der* ***A****rbeitslose* (au chômage, inactif / le chômeur)
- *verwandt* ⇔ *der* ***V****erwandte* (apparenté / le parent)
- *jugendlich* (juvénile) ⇨ *der Jugendliche* (l'adolescent)

De nombreux noms sont en fait des participes passés substantivés !

- *Erwachsen* ⇨ *der / die Erwachsene* (adulte)
- *Angestellt* ⇨ *der / die Angestellte* (employé, salarié)

Bien qu'il soit un nom, il se décline toujours comme un adjectif !

der	*Krank**e***	*ein*	*Krank**er***	*die*	*Krank**en***
den	*Krank**en***	*einen*	*Krank**en***	*die*	*Krank**en***
dem	*Krank**en***	*einem*	*Krank**en***	*den*	*Krank**en***
des	*Krank**en***	*eines*	*Krank**en***	*der*	*Krank**en***

(Consulte la fiche n° 35 pour le féminin et le neutre)

L'adjectif devient aussi un substantif neutre derrière « *etwas* », « *nichts* », « *wenig* » ou « *viel* ». Mets-lui une majuscule, mais décline-le.

- Quelque chose de bien = *etwas Gutes.* ≠ Rien de bon = *nichts Gutes.*
- Peu de belles choses = *wenig Schönes.* ≠ Beaucoup de belles choses = *viel Schönes.*

TOP CHRONO
C'est l'interro !

1. Transforme l'adjectif ou participe en substantif introduit avec l'article indéfini au masculin et au féminin.
[1 pt forme, 1 pt déclinaison] *5 min*

betroffen	*Ein*	*Eine* ....
inspiriert	*Ein*	*Eine* ....
heranwachsend	*Ein*	*Eine* ....
deutsch	*Ein*	*Eine* ....

2. Méfie-toi des pièges ! Tu dois reconnaître un nom d'un adjectif substantivé ; le premier ne se décline pas, le second oui ! Complète si nécessaire ! [1 pt par trou] *5 min*

a. *Mein Vater .... hat meiner Mutter.............. einen netten Verwandt.............. vorgestellt.*

b. *Der Junge.............. soll auf die Erwachsen.............. hören.*

c. *Der Angestellt.............. hat weniger Freiheit als ein Selbständig.............. .*

3. Traduis en allemand ou en français suivant le cas. [2 pts] *5 min*

a. *Il n'a rien fait de mal. :* .... *(böse)*

b. *Ich kaufe wenig Teures. :* .... *(cher)*

c. *Il n'y a rien de positif ! :* .... *(positiv)*

d. *Er wünscht mir alles Gute! :* .... *(souhaiter)*

SCORE

...... pts

37 COMPLÉMENTS DE L'ADJECTIF (1)

Je révise

Un adjectif peut prendre un complément au datif, au génitif ou à l'accusatif. Il vaut mieux apprendre l'adjectif avec sa rection. Le complément se place généralement devant l'adjectif. Il faut commencer à savoir quelques-uns.

- Ces adjectifs exigent le datif : *ähnlich, bekannt, böse, dankbar, egal, fremd, gleichgültig, treu, überlegen, unterlegen.*
  - Ex : *Der Sohn sieht seiner Mutter ähnlich* : le fils ressemble à sa mère.
  - Ex : *Diese Musik ist mir total fremd* : je ne connais absolument pas cette musique.
  - Ex : *Ich bin ihm für seine Hilfe dankbar :* je lui suis reconnaissant pour son aide.
  - Ex : *Der Hund ist seinem Herrn treu :* le chien est fidèle à son maître.
  - Ex : *In Mathe ist er ihr unterlegen :* en maths, il lui est inférieur.

- Ces adjectifs réclament le génitif : *bewusst, verdächtig.*
  - Ex : *Der Vagabund ist des Mordes verdächtig* : le clochard est suspecté de meurtre.
  - Ex : *Ich bin mir der Gefahr bewusst* : je suis conscient du danger.

- Ces adjectifs demandent un accusatif : *alt, breit, gewohnt, hoch, lang, los, satt, schwer, schuldig, tief, weit, wert.*
  - Ex : *Die Eisbären sind die Kälte gewohnt* : les ours polaires sont habitués au froid.
  - Ex : *Ich habe diese Arbeit satt* : j'en ai marre de ce travail !
  - Ex : *Ich will dieses Auto los* : je veux me débarrasser de cette voiture.
  - Ex : *Der Turm ist 250 m hoch* : la tour a une hauteur de 250 m.
  - Ex : *Sie ist 89 Jahre alt* : elle a 89 ans.
  - Ex : *Der Tisch ist 1,20 m breit :* la table mesure 1,20 m de largeur.
  - Ex : *Das Haus ist 7 Millionen wert :* la valeur de la maison s'élève à 7 millions.
  - Ex : *Er ist 89 kg schwer :* il pèse 89 kg.
  - Ex : *Du bist mir ein Metro-Ticket schuldig* : tu me dois un ticket de métro.

TOP CHRONO
C'est l'interro !

1. Traduis en allemand. [1 pt pour l'adjectif, 1 pt pour la déclinaison] 5 min

a. Tu es suspecté de corruption[1] : ....

b. En chimie[2], tu es supérieur à moi : ....

c. Elle lui est reconnaissant pour son aide[3] : ....

d. Tu en n'as pas marre du tennis ? : ....

1. *die Korruption*
2. *Chemie*
3. *die Hilfe*

2. Traduis sans calquer le français mot à mot ! Utilise les adjectifs avec le verbe « être ». [1 pt pour l'adjectif, 1 pt pour la place des mots] 3 min

a. La table fait 80 cm de large : ....

b. La maison a une longueur de 18 m : ....

c. La tour[1] fait 290 m de haut : ....

1. *der Turm*

3. Entoure la forme juste. [1 pt] 3 min

a. *Der Stein ist (eine / einer) Tonne schwer.*

b. *Der Minister ist sich (das / dem / dessen) bewusst.*

c. *Was habe ich getan? Bist du (mich / mir) böse?*

d. *Ich bin (das alte / dem alten / des alten) Auto los!*

e. *Diese australische Kultur ist (mich / mir / meiner) fremd.*

SCORE

...... pts

38 COMPLÉMENTS DE L'ADJECTIF (2)

Je révise

Un adjectif peut prendre un complément introduit par une préposition. Il vaut mieux apprendre l'adjectif avec sa préposition.

- **Avec la préposition AN et le datif** : *arm* (pauvre) • *reich* (riche) • *interessiert* (intéressé) • *schuld* (responsable).

  Ex : *Die Milch ist arm an Vitamin C* : Le lait est pauvre en vitamine C.

  Ex : *Er ist an der Villa interessiert* : Il est intéressé par cette villa.

- **Avec la préposition MIT et le datif** : *einverstanden* (d'accord) • *fertig* (terminé) • *vergleichbar* (comparable) • *verwandt* (apparenté) • *zufrieden* (satisfait).

  Ex : *Er ist mit Willy Brandt verwandt* : Il est apparenté à Willy Brandt.

- **Avec la préposition VON et le datif** : *abhängig* (dépendant) • *frei* (libre).

  Ex : *Die Kinder sind von ihren Eltern abhängig* : Les enfants sont dépendants de leurs parents.

- **Avec la préposition VOR et le datif** : *blass* (pâle) • *rot* (rouge) • *sicher* (à l'abri).

  Ex : *Er ist rot vor Scham* : il rougit de honte.

  Ex : *Wir sind vor Bomben sicher* : Nous sommes à l'abri des bombes.

  Ex : *Sie war blass vor Neid* : Elle était pâle de jalousie.

- **Avec la préposition ZU et le datif** : *bereit* (prêt) • *fähig* (capable) • *nett* (gentil) • *freundlich* (sympathique).

  Ex : *Ich bin zu dieser Prüfung fähig* : Je suis capable de passer cet examen.

TOP CHRONO
C'est l'interro !

[Chaque bonne réponse donne droit à 1 point.]

1. Barre toute mauvaise forme. *4 min*

a. *Er ist rot (vor / wegen) (extreme / extremer) Wut.*

b. *Mein Vater ist (von / mit) (der / den) Familie Rothschild verwandt.*

c. *Fisch ist reich (an / mit) (das / dem) Omega 3, das wir alle brauchen.*

d. *Wir sind heute Nacht (vor / von) (den / dem) Hochwasser nicht sicher.*

e. *Das Regime ist (an / von) (der / dem) Propaganda abhängig.*

2. Complète avec la bonne préposition. *6 min*

a. *Mein Vater ist sehr .... diesem Auto interessiert.*

b. *Die Polizei ist .... diesem Einsatz bereit.*

c. *Der Professor ist .... seinen Studenten zufrieden.*

d. *Der Kommissar war sehr lieb .... mir.*

e. *Manuella ist .... dem Mobbing des Mädchens schuld.*

f. *Wir sind ist nicht .... unserem Boss einverstanden.*

g. *Ich kann nicht jeden Tag .... allen Menschen freundlich sein!*

h. *Dieser inkompetente Mann .... dieser Arbeit nicht fähig.*

i. *Diese Frau ist frei .... jedem Klischee.*

j. *Die Gruppe ist .... dem 30-minütigen Referat fertig geworden.*

SCORE

...... pts

39 COMPLÉMENTS DE L'ADJECTIF (3)

Je révise

Un adjectif peut prendre un complément introduit par une préposition suivie de l'accusatif. Il vaut mieux apprendre l'adjectif avec sa préposition.

- **Avec la préposition *ÜBER* et l'accusatif** : *empört* (révolté) • *entrüstet* (indigné) • *erstaunt* (étonné) • *froh* (content) • *glücklich* (heureux) • *überrascht* (surpris).

  Ex : *Er ist über sein Verhalten empört* : Il est révolté par son attitude.

- **Avec la préposition *UM* et l'accusatif** : *besorgt, bekümmert* (inquiet) • *schade* (dommage).

  Ex : *Die Mutter ist um ihr Kind besorgt* : La mère se fait du souci pour son enfant.

- **Avec la préposition *FÜR* et l'accusatif** : *charakteristisch* (caractéristique) • *dankbar* (reconnaissant) • *typisch* (typique) • *verantwortllich* (responsable).

  Ex : *Der Lehrer ist für die Gruppe verantwortlich* : Le professeur est responsable du groupe.

- **Avec la préposition *AUF* et l'accusatif** : *angewiesen* (tributaire) • *aufmerksam* (attentif) • *eifersüchtig* (jaloux) • *empfindlich* (sensible) • *gefasst* (mentalement prêt) • gespannt (impatient de voir) • *neidisch* (envieux) • *stolz* (fier).

  Ex : *Der Vater ist stolz auf seine Tochter* : Le père est fier de sa fille.

- **Avec la préposition *GEGEN* et l'accusatif** : *allergisch* (allergique) • *empfindlich* (sensible) • *misstrauisch* (méfiant).

  Ex : *Ich bin gegen Penicillin allergisch* : Je suis allergique à la pénicilline.

TOP CHRONO
C'est l'interro !

1. Entoure la bonne préposition et le bon cas. [1 pt] — *4 min*

a. *Wir sind alle (um / über) (diesen / diesem) Skandal entrüstet.*

b. *Die Komplizen werden (auf/gegen) (ihren / ihrem) Chef misstrauisch.*

c. *Die armen Menschen sind (über / auf) (die / den) reichen neidisch.*

d. *Ich bin (für / über) (dieses / diesem) Desaster verantwortlich.*

e. *Die Toleranz ist charakteristisch (für/auf) (jede / jeder) Demokratie.*

2. Complète avec la bonne préposition et mets à l'accusatif. [0,5 pt] — *6 min*

a. *Er ist dir .... dein.................... Mitarbeit dankbar.*

b. *Die Mutter ist .... ihr.................... kranken Jungen besorgt.*

c. *Ich war .... d.................... Vandalismus empört.*

d. *Dorothea ist .... ihr.................... Schwester eifersüchtig.*

e. *Der Busfahrer ist .... d.................... Unfall verantwortlich.*

f. *Martina ist .... jed.................... Art von Nüssen allergisch.*

g. *Du bist zu empfindlich .... d.................... schwarzen Humor deiner Mutter!*

h. *Die Münchner sind .... ihr.................... Fußballmannschaft stolz.*

i. *Wir sind alle .... dies.................... Film gespannt!*

SCORE

...... pts

40 COMPARATIF (1)

Je révise

Il se forme avec le suffixe « -er » ajouté au radical de l'adjectif, de l'adverbe ou du participe passé quelle que soit sa longueur. Il ne faut pas oublier de le décliner s'il est en position d'épithète.

➠ **Certains adjectifs prennent des trémas**, d'autres non. Il est préférable d'apprendre la forme comparative en même temps que l'adjectif. Il n'y a pas de règle absolue.

- *Rot* ⇨ *röter :* rouge, plus rouge • *alt* ⇨ *älter :* vieux, plus vieux
- *jung* ⇨ *jünger* : jeune, plus jeune • *klar* ⇨ *klarer :* clair, plus clair
- *brav* ⇨ *braver :* sage, plus sage • *gewagt* ⇨ *gewagter* : osé, plus osé.

➠ **Les adjectifs et adverbes suivants sont irréguliers** :

- *gut, wohl* ⇨ *besser* (mieux) • *hoch* ⇨ *höher* (plus haut)
- *gern* ⇨ *lieber* (plutôt, plus volontiers) • *viel* ⇨ *mehr* (beaucoup à plus)

➠ **La déclinaison est tout à fait normale après le suffixe « -er » ; il ne fait que s'intercaler en quelque sorte.**

Ex : *Der stärk**ere** hat im Kampf gewonnen* : le plus fort a gagné le combat.

Ex : *Der Präsident gratuliert dem stärk**er**en* : le président félicite le plus fort.

➠ **L'élement de comparaison est introduit par « als ».**

Ex : *Frankreich ist flächenmäßig größer* ***als*** *Luxemburg* : Par sa superficie, la France est plus grande **que** le Luxembourg.

➠ **Les adjectifs finissant par « -er » ou « -el »** perdent leur « e » intercalaire pour des raisons euphoniques.

- *Dunkel* ⇨ *dunkler* (plus sombre) • *teuer* ⇨ *teurer* (plus cher)
- Il est important de noter qu'en allemand le comparatif s'applique uniquement à deux éléments. Ainsi, si tu parles de deux frères dans une famille en disant de l'un qu'il est le plus âgé des deux (donc superlatif en français), en allemand il faudra utiliser le comparatif : *Paul ist der ältere*. On sait donc indirectement qu'il n'y a que deux frères dans cette famille.

TOP CHRONO
C'est l'interro !

1. Traduis les phrases suivantes en allemand.
[1 pt pour le comparatif, 1 point pour la préposition] *4 min*

a. Ce tableau à droite est plus sombre que celui à gauche. *(das Gemälde / düster)*

....

b. Le plus grand des deux joue au handball. (Inutile de traduire « des deux » !)

....

c. Le Sud est moins frais que le Nord. *(der Süden / kühl / der Norden)*

....

2. Traduis la phrase suivante en français. [1 pt] *1 min*

Die Situation hat sich zum Besseren entwickelt.

....

3. Complète avec l'adjectif au comparatif de supériorité.
[1 pt pour le comparatif, 1 pt pour la bonne déclinaison] *5 min*

a. (La maison est grande, mais j'en voudrais une encore plus grande !)
Das Haus ist groß, aber ich möchte ein noch ....

b. (Je ne suis pas riche. Mais les plus riches sont-ils toujours plus heureux ?)
Ich bin nicht reich. Aber sind die .... *immer* .... ?

c. (Le climat est doux ici. Mais j'habite un pays encore plus doux.)
Das Klima ist hier mild. Aber ich wohne in einem noch .... *Land.*

SCORE
...... pts

41 COMPARATIF (2)

Je révise

- **Le comparatif d'égalité se forme avec** l'adverbe *so* et la préposition *wie*.

  Ex : *Mein Vater ist so groß wie meine Mutter.*
  Mon père est aussi grand que ma mère.

- **Le comparatif d'infériorité peut s'exprimer** de deux manières différentes : soit on nie le comparatif d'égalité, soit on prend l'adverbe *weniger* et la préposition *als*.

  Ex : *Mein Vater ist nicht so groß wie meine Mutter = Mein Vater ist weniger groß als meine Mutter.*
  Mon père n'est pas aussi (ou moins) grand que ma mère.

- **Tu trouveras également le comparatif de supériorité** dans la tournure idiomatique « Je (comparatif)..., *desto* (comparatif)... » qui exprime un balancement dans la comparaison. Si tu n'as pas d'adjectif ou d'adverbe à mettre au comparatif de supériorité, utilise l'adverbe *mehr* ou *weniger*.

  Ex : *Je älter er wird, desto trauriger ist er.*
  Plus il vieillit, plus il est triste.

  Ex : *Je weniger er schwimmt, desto weniger Kondition wird er haben.*
  Moins il nage, moins il aura de condition physique.

- **Avec l'adverbe « *immer* » suivi d'un adjectif au comparatif**, on exprime la tournure française « de plus en plus ».

  Ex : *Es wird immer schlimmer.*
  C'est de plus en plus grave ou de pire en pire.

  Ex : *Meine Mutter wird immer aggressiver.*
  Ma mère est de plus en plus agressive.

TOP CHRONO
C'est l'interro !

[Chaque bonne réponse donne droit à 1 point.]

1. Mets l'adjectif entre parenthèses au comparatif selon le sigle indiqué. (+ supériorité | - infériorité | = égalité | ≠ égalité niée | ++ de plus en plus) 5 min

a. *Er singt jeden Tag* .... *ich. (Oft)* (=)

b. *Sie ist* .... *er. (Jung)* (≠)

c. *Die Konfrontation war* .... *als ich dachte. (hart)* (-)

d. *In Portugal ist das Leben* .... *in Finnland. (Teuer)* (≠)

e. *Der* .... *Präsident ist dieses Jahr der Sozialist. (Gut)* (+)

f. *Dieser Winter wird* .... *(Kalt)* (++)

g. *Du hast ein* .... *Auto als ich. (Schön)* (+)

h. *Er reagiert* .... *du! (Schnell)* (≠)

2. Complète avec la bonne préposition. 2 min

a. *Dieser Wein schmeckt besser* .... *der da.*

b. *Ich trinke genau so gern Bier* .... *Wein.*

c. *Diese Frau ist so schön* .... *jede Miss Universe.*

d. *Der Trump-Tower ist weniger hoch* .... *das Empire State Building.*

e. *Du kannst nicht so gut schwimmen* .... *ich.*

f. .... *besser du wirst,* .... *höher werden deine Chancen sein.*

SCORE

...... pts

42 SUPERLATIF

Je révise

Le superlatif peut prendre deux formes : comme adjectif ou comme adverbe. Dans les deux cas, on reconnaît la terminaison -ST.

- **Pour former le superlatif, on rajoute -st au degré zéro de l'adjectif**. Comme pour le comparatif de supériorité, il faudra parfois penser à mettre des trémas sur les voyelles A, O, U et AU. De même, il est sera nécessaire d'insérer un -e- après les consonnes S, Z, ß ou T et D pour faciliter la prononciation. Un superlatif est précédé d'un article.
  - *Cremig à der cremigste schön ⇨ das schönste schnell à die schnellste*
  - *Dumm à der dümmste arm ⇨ der ärmste hoch à der höchste*
  - *Heiß à die heißeste breit ⇨ das breiteste*

- **Les exceptions portent sur les adjectifs ou adverbes** : *gut (best), wohl (best), viel (meist), nah (nächst), groß (größt), gern (liebst).*

- **Le superlatif invariable se forme avec la préposition AN** au datif et l'adjectif ou adverbe concerné décliné en conséquence.

  Ex : *Er läuft am schnellsten* : C'est lui qui court le plus vite.

  Ex : *In der Sahara ist es am heißesten* : C'est dans le Sahara qu'il fait le plus chaud.

- **En dehors des compléments prépositionnels comparables au français**, le complément d'un superlatif est au génitif (à défaut avec « von » suivi du datif).

  Ex : *Mustafa ist der älteste der fünfköpfigen Familie* : Mustapha est le plus âgé de la famille composée de cinq membres.

  Ex : *Uwe ist der sportlichste seines Teams* : Uwe est le plus sportif de son équipe.

TOP CHRONO
C'est l'interro !

[Chaque bonne réponse donne droit à 1 point.]

1. Barre la forme fausse. *2 min*

a. *Zwischen Clara und Uwe ist Uwe (der jüngere / der jüngste).*

b. *Der Elefant ist (das größte / das größere) Tier auf der Erde.*

c. *Meine (ältere / älteste) Tochter spielt am besten Tennis von den beiden.*

2. Quel superlatif correspond à quel adjectif ou adverbe ? *2 min*

a. *hoch* • **b.** *viel* • **c.** *nah* • **d.** *Wenig* • **e.** *gern*

1. *am wenigsten* • **2.** *am nächsten* • **3.** *am höchsten* • **4.** *am meisten* • **5.** *am liebsten*

a. .... • **b.** .... • **c.** .... • **d.** .... • **e.** .... • **f.** ....

3. Mets l'adjectif entre parenthèses au superlatif et pense à le décliner. *4 min*

a. *Der Film gewann den Oscar in der Kategorie „.................................... Film". (gut)*

b. *Die Brezel ist das .... deutsche Brot in der Welt. (bekannt)*

c. *Charlie Hebdo ist die .... Zeitung der Welt. (sarkastisch)*

d. *Der .... Austausch beginnt mit Toleranz. (wahr)*

e. *Der .... der Klasse ist der .... (clever, frech)*

4. Complète avec un superlatif adverbial. *3 min*

a. *Von allen Megapolen ist Schanghai .... (verschmutzt)*

b. *Unter allen Schülern arbeitet Anna .... (viel)*

c. *Im Sommer ist es hier .... (warm)*

d. *Was singst du ....? (gut)*

e. *Der Tsunami in Fukushima war .... (gefährlich)*

SCORE
...... *pts*

43 PRÉPOSITIONS

Je révise

À part les prépositions mixtes, les autres prépositions sont suivies d'un cas bien précis qu'il te faut respecter quelle que soit la situation.

Les prépositions suivies de l'accusatif sont pour ce niveau :

bis	*durch*	*für*	*gegen*	*ohne*	*um*
jusque	à travers	pour	contre	sans	autour de

Les prépositions suivies du datif sont pour ce niveau :

aus	*außer*	*bei*	*mit*	*nach*	*seit*	*von*	*zu*
hors de	excepté	chez	avec	après	depuis	de	vers, chez

Les prépositions qui exigent le génitif sont :

statt	*trotz*	*während*	*wegen*	**innerhalb**	**außerhalb**
au lieu de	malgré	pendant	à cause de	à l'intérieur de	à l'extérieur de

Le génitif étant en perte de vitesse dans la langue courante, de nombreuses prépositions initialement suivies du génitif acceptent dorénavant le datif :

dank	*laut*	*binnen*
grâce à	d'après, selon	dans un délai de

Les prépositions mixtes accusatif-datif :

in	*an*	*auf*	*hinter*	*neben*	*über*	*unter*	*vor*	*zwischen*
dans	à	sur	derrière	à côté	au-dessus	en-dessous	devant	entre

TOP CHRONO
C'est l'interro !

1. Traduis en français. [2 pts chacun] *6 min*

a. *Innerhalb des Schengen-Raums wird an der Grenze nicht kontrolliert :*

....

b. *Binnen drei Tagen sollst du dein Formular abgegeben haben* :

....

c. *Laut dem Literaturkritiker ist Möbius ein negativer Held :*

....

d. *Sie fühlt sich neben ihm in Sicherheit :*

....

2. Complète avec le bon cas du déterminant. [0,5 pt chacun] *8 min*

a. *Wegen sein*........... *Krankheit darf er keinen Alkohol trinken.*

b. *Lisa wohnt bei ihr*........... *Mutter und Lina bleibt mit ihr*........... *Vater.*

c. *Ursula arbeitet für ihr*........... *Hausaufgaben mit ihr*........... *Bruder.*

d. *Bis nächst*........... *Sonntag kann er in sein*........... *Wohnung arbeiten.*

e. *Während d*........... *Urlaubs gehen viele zu d*........... *indischen Restaurant.*

f. *Man darf nicht außerhalb d*........... *Pisten ohne ein* .... *experimentierten Führer snowboarden.*

g. *Statt* .... *Terroristen sucht die Polizei nach ihr*........... *Komplizen.*

SCORE

...... pts

44 LOCATIF ET DIRECTIF

Je révise

Il est question ici uniquement des propositions dites spatiales mixtes : elles peuvent être suivies de l'accusatif ou du datif. Les autres imposent un cas précis.

- **Les 9 prépositions concernées sont** *an* (à, près de...), *auf* (sur), *hinter* (derrière), *in* (dans), *neben* (à côté de), *über* (au-dessus), *unter* (en-dessous), *vor* (devant), *zwischen* (entre).

- **On parle de « locatif »** pour un lieu où l'on se trouve et **de « directif »** pour un lieu où l'on se rend. Pour résumer, j'y suis ou j'y vais. Le directif exprime donc un but à atteindre. Le DATIF exprime le locatif alors que l'ACCUSATIF rend le directif.

*Ich schreibe den Text auf **dem** Tisch.*	*Ich lege den Text auf **den** Tisch.*
La feuille avec le texte est sur la table. Datif !	Le texte passe de ma main à la table. Accusatif !

*Sie spielen **im** Wald.*	*Sie fahren in **den** Wald.*	*Sie fahren in **dem** Wald.*
Ils jouent dans la forêt où ils se trouvent déjà. Datif !	Ils y vont ! C'est leur but ou leur destination en partant d'ailleurs. Accusatif !	Ils sont dans la forêt et à l'intérieur de cette forêt, ils font des va-et-vient. Datif !

- **Les verbes de position *liegen, sitzen, stehen* et *hängen*** (fort) impliquent donc un locatif au datif par nature ; leurs équivalents *legen*, *setzen*, *stellen* et *hängen* (faible) signifiant un déplacement sont suivis de l'accusatif.

  Ex : *Ich sitze auf **dem** Stuhl ≠ Ich setze mich auf **den** Stuhl (hin).*
  Je suis assis sur la chaise – Je m'assois sur la chaise.

- N'oublie pas la locution : *zu Hause* (locatif) ≠ *nach Hause* (directif) !

TOP CHRONO
C'est l'interro !

[Chaque bonne réponse donne droit à 1 point.]

1. Complète avec l'article décliné ou la bonne terminaison. *6 min*

a. *Sie fahren in .... Stadt.* • **b.** *Er stellt seine Tasche auf d................ Tisch.* • **c.** *Alle gehen heute in .... Berge.* • **d.** *Sie setzt den Hut auf d................ Kopf.* • **e.** *Stell die Vase auf .... Tisch zurück!* • **f.** *Vor .... Bahnhof gibt es eine Demonstration.* • **g.** *Stell dich zwischen mein................ Frau und ....!* • **h.** *Meine Frau macht Shopping in .... Altstadt.* • **i.** *Er parkt immer in .... Tiefgarage.* • **j.** *Herr Müller, kommen Sie bitte in mein................ Büro!*

2. Observe les compléments : est-ce un locatif (L) ou directif (D) ? *3 min*

	Locatif	Directif
a. *Er wandert in dem Wald.*	☐	☐
b. *Ich lege die Chemie-Arbeit auf Herrn Bulls Tisch.*	☐	☐
c. *Die Gruppe geht in die Kathedrale.*	☐	☐
d. *Die Krone steht auf ihrem Kopf.*	☐	☐

3. Barre la proposotion fausse. *3 min*

a. *Ich übersetze aus dem Englischen (ins Deutsche / im Deutschen).*

b. *Deutschland exportiert viel (in die USA / in den USA).*

c. *Er wohnt (aufs Land / auf dem Land).*

d. *Setz dich (neben mich / neben mir) hin.*

SCORE

...... pts

45 PRÉPOSITIONS POUR SITUER DANS LE TEMPS

Je révise

- **Quelle préposition pour quel complément de temps ? *Wir sehen uns 2018 im Winter im Dezember am Montag, dem 24.12. um 8 Uhr*.**

Préposition	Indication de temps	Exemple
(Aucune !)	Année (nombre seul)	1992 / 2016
in, im	Saisons, mois	*Im Winter / im Mai / im August*
an, am	Jours, parties du jour	*Am Montag / am Abend / am 10.8.17*
um	Heures	*Um 18 Uhr / Um Mitternacht*

- **Tu dois connaître également les prépositions suivantes** :

ab + datif	*Bis* + accusatif (...*zum*)	*nach* + datif	*vor* + datif	*seit* + datif	*zwischen* + datif
À partir de	Jusque	Après	Avant, il y a	Depuis	entre

Ab heute trinke ich keinen Kaffee mehr. Seit 2 Tagen telefoniert er um 8 Uhr. Vor 400 Jahren gab es viele Epidemien. Nach der Pause musst du arbeiten. Ich komme zwischen 7 und 8 Uhr. Bis heute Abend hast du alles gemacht!

- **Les prépositions composées avec « von »** :

Ex : *Von Dienstag bis Freitag ist er in der Schule.* : Il est à l'école **du** mardi **au** vendredi.

Ex : *Vom 8.8.17 bis zum 6.9.17 ist er nicht da.* : Du 8/8/17 au 6/9/17, il n'est pas là.

Ex : *Von dem Tag an war er verärgert.* : À compter de ce jour, il était fâché.

TOP CHRONO
C'est l'interro !

1. Insère la bonne préposition. [0,5 pt] 4 min

In meiner Fabrik beginnt die Arbeit .... 7 Uhr .... Montag .... Freitag. Die, die wollen, können .... Wochenende arbeiten. .... Mai, also .... Frühling, haben wir zum Glück viele Feiertage. So können wir .... Freitagabend ans Meer oder in die Berge fahren. .... Winter haben wir auch 1 Woche Ferien, um .... Weihnachten und Sylvester zu feiern.

2. Entoure la bonne préposition. [1 pt] 4 min

a. *Er kennt seine Frau (vor / seit / nach) 30 Jahren. Er traf sie in Paris.*
b. *Das Attentat passierte (im / am / um) Freitag (im / am / um) 22 Uhr.*
c. *(Vor / nach / bis) dem Attentat waren alle total deprimiert.*
d. *Die reguläre Öffnungszeit ist (ab / von / bis) Montag (nach / bis / am) Samstag.*
e. *Die Handball-Weltmeisterschaft findet (in / Ø / am) 2017 in Paris statt.*
f. *(Ab / von / vor) dieser Zeit hat sie keinen Mann mehr.*

3. Réponds à la question en ne donnant que l'indication de temps qu'on te précise entre parenthèses. [1 pt chaque préposition] 5 min

a. *Wann ist es hell?* .... (le jour)
b. *Wann arbeitest du nicht?* .... (la nuit)
c. *Wann isst du abends?* .... (20 heures)
d. *Wann ist es kalt?* .... (l'hiver)
e. *Wann ist der Nationalfeiertag?* .... (juillet)

SCORE
...... pts

46 ADVERBES POUR REPÉRER LE TEMPS

Je révise

Pour parler dans d'un événement passé, il faut connaître et reconnaître :

Bisher, bislang	*damals*	*einst*	*früher*	*soeben*	*Vor kurzem*	*zuvor*
Jusqu'à présent	À cette époque	Jadis, autrefois	Autrefois, jadis	À l'instant	Il y a peu	Auparavant

Ex : *Früher gab es keinen Computer* : autrefois, il n'y avait pas d'ordinateur.

Pour parler d'un événement dans le présent, on recourt à :

Heute Heutzutage	*Jetzt, gegenwärtig*	*Momentan*	*Nun*	*zurzeit*
Aujourd'hui, De nos jours	Maintenant, À présent	Pour le moment	Maintenant, À présent	En ce moment

Ex : *Ich habe momentan keinen Hunger* : je n'ai pas faim pour l'instant.

Pour évoquer un fait dans le futur, on peut recourir à :

bald	*gleich*	*Hinterher nachher*	*künftig*	*sofort*	*später*
bientôt	Immédiatement	Après, Plus tard	À l'avenir	Immédiatement	Plus tard, Après

Ex : *Er kommt gleich :* il arrive tout de suite.

TOP CHRONO
C'est l'interro !

1. Ajoute un adverbe à la phrase afin de correspondre au temps indiqué entre parenthèses.
[1 point pour l'adverbe, 1 point pour sa place]

6 min

a. *Er wollte keine Kinder haben.* (Mais c'était jadis !)

....

b. *Die Autos werden fliegen können.* (Ce sera dans le futur !)

....

c. *Die zwei italienischen Omas machen Pasta.* (Au moment où on parle !)

....

d. *Er möchte Ingenieur werden.* (Quand il sera grand !)

....

e. *Wir haben zwei Explosionen gehört.* (C'est arrivé à l'instant.)

....

2. Entoure l'adverbe et coche le temps indiqué en choisissant entre le passé (PA), le présent (PR) ou le futur (FU).
[2 points : entourer et croix]

2 min

	PA	PR	FU
Die Spione agierten damals mit vielen Risiken.	☐	☐	☐
Ich werde bald Jura studieren.	☐	☐	☐
Künftig werden alle Autos mit Internet verbunden sein.	☐	☐	☐
Die Rechtsextremen sind zurzeit sehr populär.	☐	☐	☐
Nicht so schnell! Ich mache es nachher.	☐	☐	☐

SCORE
...... *pts*

47

PRONOM INTERROGATIF ET ADVERBE PRÉPOSITIONNEL

Je révise

- **Si, dans une question partielle, tu as une préposition, tu dois vérifier si c'est une personne ou un objet ? Cela arrive souvent avec les verbes à rection.**

Question partielle	
SI C'EST UNE PERSONNE :	SI C'EST UN OBJET :
Préposition + ***WEN*** ou ***WEM***	***WO(R)*** + préposition
Auf wen *wartest du?*	***Worauf*** *wartest du?*
Qui attends-tu ?	Qu'attends-tu ?

- **La réponse à la question se fait par un complément au cas voulu** par la préposition ou par « DA » + préposition.

La réponse quand c'est un pronom	
SI C'EST UNE PERSONNE :	SI C'EST UN OBJET :
Préposition + pronom	DA(R) + préposition
Ich warte ***auf ihn****.*	*Ich warte* ***darauf****.*
Je l'attends.	Je l'attends (par ex. un bus, un train...)

- **Avec les prépositions commençant par une voyelle**, pense à insérer un « R » entre « *WO* » et la préposition ou « *DA* » et la préposition.

  Wo + mit = womit? • wo + auf = worauf? • wo + zu = wozu? • wo + an = woran?

  Da + für = dafür • da + aus = daraus • da + von = davon • da + in = darin

TOP CHRONO
C'est l'interro !

1. Barre la mauvaise réponse. [1 pt] *2 min*

a. *An wen denkst du? Ich denke an* ***dich / ich*** *denke daran.*

b. *Woran arbeitest du? Ich arbeite an* ***ihm / ich*** *arbeite daran.*

c. *Mit wem telefonierst du? Ich telefoniere* ***damit / mit*** *ihr.*

d. *Wofür interessierst du dich? Ich interessiere mich für* ***sie / dafür.***

2. Voici les réponses. Écris les questions. [1 pt pronom, 1 pt reste] *8 min*

a. *Ich denke nostalgisch an meine verstorbene Oma.*

....

b. *Kinder freuen sich immer auf die Ferien.*

....

c. *Er lädt uns zu einer Grill-Party ein.*

....

d. *Wir sprechen von Bundeskanzlerin Merkel.*

....

3. Coche la bonne réponse. Personnes animées ou objets ? [1 pt] *2 min*

	Personnes	**Objets**
a. *Für wen wirst du im Mai 2017 wählen?*	☐	☐
b. *Worauf freust du dich zu Weihnachten?*	☐	☐
c. *Zu wem hast du mehr Vertrauen?*	☐	☐

SCORE

...... pts

48 LES PLACES DU VERBE (1)

Je révise

N'oublie jamais ! La deuxième place est toujours réservée pour le verbe !

- **Ton premier réflexe sera de bloquer systématiquement la deuxième place** pour le verbe conjugué de la principale. Ne déroge jamais à cette règle pour l'instant. Le sujet est soit en première position soit en troisième position si la première est déjà prise.

Das Kind	geht	heute	mit Mama	ins Kino
1	2	3	4	5
Heute	geht	Das Kind	mit Mama	ins Kino

- **Le reste des éléments composant la phrase se déplacent** de manière élastique autour de ce verbe bloqué en deuxième position. Ne te laisse pas perturber par le nombre de mots. C'est comme si tu déplaçais des cubes sauf UN, le deuxième !

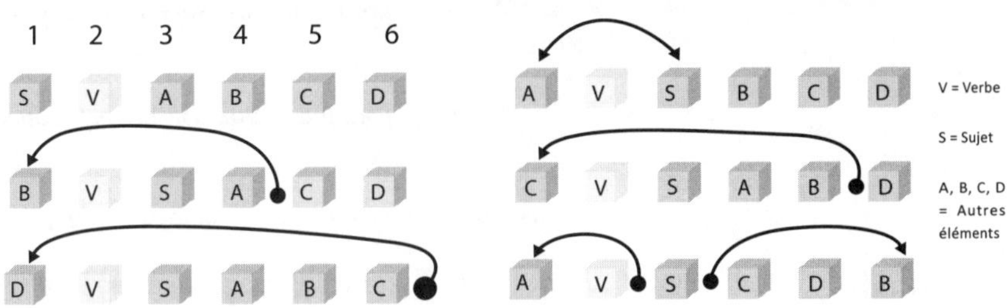

- **Visuellement, tu pourrais penser que le verbe n'est pas en deuxième** position car une longue subordonnée est au début de la phrase. Mais l'indice imparable pour savoir que les deux verbes sont bien placés c'est qu'ils sont côte à côte et séparés par une virgule. Une proposition subordonnée compte pour un élément.

1 2 3 4 5
Wenn ich morgen früh Zeit habe, fahre ich mit dem Bus zum Supermarkt.

- **Les conjonctions de coordination comptent pour zéro** car elles relient deux phrases de même nature. Ne les inclus pas dans ton décompte !

1 2 3 4 0 1 2 3 (Les deux verbes sont bien en 2e position.)
Er geht nicht in die Schule, denn er ist krank.

1 2 3 4 5
Er geht nicht in die Schule, weil er krank ist. (Les 4 mots du n° 5 sont un bloc comptant pour un.)

TOP CHRONO
C'est l'interro !

1. Passe la proposition subordonnée en 1re position. [1 pt par verbe] *3 min*

a. *Ich flog allein nach Chicago, als ich 10 Jahre alt war :*

....

b. *Der Pass ist gesperrt, wenn es zu viel schneit :*

....

2. Reformule la phrase en mettant tour à tour les éléments soulignés en première position. [1 pt] *5 min*

a. *Die Stadt hat <u>in 2 Jahren</u> <u>eine neue Brücke</u> gebaut.*

Variante 1 : ....

Variante 2 : ....

b. *Karl konnte <u>leider</u> nicht schwimmen gehen, <u>weil er die Grippe hatte</u>.*

Variante 1 : ....

Variante 2 : ....

3. Traduis en allemand avec les mots proposés. [1 pt par verbe] *3 min*

a. Elle est aveugle, mais elle entend bien. *(blind / aber / gut hören)*

....

b. Elle est triste car elle a perdu son grand-père. *(traurig / denn / ihren Opa verloren hat)*

....

SCORE

...... pts

49 LES PLACES DU VERBE (2)

Je révise

Le principe de base consiste à te dire que si la deuxième place est occupée par un verbe conjugué, les autres verbes éventuels sont en fin de proposition même s'il y en a plusieurs.

- **Le verbe conjugué en 2e position expulse les autres verbes** en fin de proposition quelle que soit leur forme : conjugués, au participe ou à l'infinitif.
  - *Ich habe für meine Mutter ein neues Smartphone gekauft.*
  - *Ich will für meine Mutter ein neues Smartphone kaufen.*
  - *Ich habe vor, ein neues Smartphone für meine Mutter zu kaufen.*
  - *Ich weiß, dass ich für meine Mutter ein neues Smartphone kaufen soll.*

- **Si tu fais une phrase composée de plusieurs propositions**, place chaque verbe annexe à la fin de <u>**sa**</u> proposition, faisant ainsi des propositions en tiroirs successifs.

  ↳ *Ich habe meiner Mutter **gesagt**, dass ich ihr ein neues Smartphone **kaufe**.*

  ↑ Fin de la proposition principale — ↑ Fin de la proposition dépendante

  ↳ *Ich muss heute **versuchen**, meine Hausaufgaben **zu machen**, bevor mein Vater von der Arbeit **zurückkommt** und mich **fragt**, ob ich sie gemacht **hätte**.*

  Analyse : « *Muss* » est le seul verbe en 2e position. « *Versuchen* » est à la fin de la principale, « *machen* » à la fin de l'infinitive, « *kommt* » et « *fragt* » à la fin de la subordonnée de temps, « *hätte* » à la fin de l'interrogative indirecte.

- **Il faut remonter de gauche à droite en partant de la fin** quand tu as plusieurs verbes. Le verbe dépendant d'un autre se place à sa gauche. Il existe une exception avec le double infinitif dans une subordonnée (Phrase n° 3). L'auxiliaire conjugué se place exceptionnellement devant les deux infinitifs situés en fin de phrase.

1. *Er weiß, dass er eine Dummheit gemacht hat*

2. *Er hat keine Dummheit machen wollen*

3. *Er weiß, dass er diese Dummheit hätte machen sollen*

TOP CHRONO
C'est l'interro !

1. Traduis la phrase suivante.
[1 pt pour chaque verbe bien placé, 1 pt reste] *2 min*

Pourquoi veux-tu le laisser t'influencer ainsi ? *(beeinflussen / so)*

....

2. Tu as deux ou trois verbes à placer, dont l'un à conjuguer. Insère-les au bon endroit.
[1 pt pour chaque verbe bien placé, 1 pt pour la conjugaison] *6 min*

a. *Der Freund .... so schnell wie möglich .... (Lust haben / zu kommen)*

b. *Heute.......................... ich .... (haben / müssen / laufen)*

c. *In dieser Bar..........................abends Hiphop .... (getanzt / werden)*

d. *Der Tsunami .... die Stadt .... (haben / zerstört)*

e. *Ich.......................... mir noch einen Anorak .... (kaufen / wollen)*

f. *.......................... du ....? (Rad fahren / können)*

g. *Ihr Sohn .... beim Skifahren .... (hingefallen / sein)*

h. *Die Führung .... um 30 min .... (worden / verkürzt / sein)*

SCORE

...... pts

50 NÉGATION (1)

Je révise

Il faudra hésiter le plus souvent entre l'adverbe « *nicht* » et le déterminant « *kein* ». Mais n'oublie pas non plus les pronoms ou adverbes négatifs !

- **L'adverbe « *nicht* » nie soit la phrase entière**, soit une partie de celle-ci. En gros, c'est la place du « *nicht* » qui indique l'élément concerné par la négation. Quand une seule partie est niée, on voit souvent apparaître « *sondern* ».

  Ex : *Ich kenne diesen Mann nicht :* je ne connais pas cet homme.

  Ex : *Ich kenne nicht diesen Mann, sondern jenen :* je ne connais pas cet homme-ci, mais celui-là.

  Ex : *Er will nicht ins Kino gehen :* il ne veut pas aller au cinéma.

  Ex : *Sie hat mich gestern nicht sehen wollen* : elle n'a pas voulu me voir hier.

- **Pour nier l'article indéfini « *ein* » ou un substantif sans article**, il faut utiliser « *kein* » et le décliner en fonction de sa position dans la phrase.
  - *Ich habe Lust.* ⇔ *ich habe keine Lust.*

- **Pour dire « aucun », « personne »**, on recourt également à « *keiner* » :

  Ex : *Hast du Wein hier? – Nein, ich habe keinen* (Je n'en ai pas).

  Ex : *Keiner will mir glauben* (Personne ne veut me croire).

- **La négation des pronoms indéfinis** commence également par un « N- » :

Jemand	*Etwas*	*Je, jemals*	*Irgendwo*
Quelqu'un	Quelque chose	Une fois	Quelque part
Niemand	*nichts*	*Nie, niemals*	*nirgendwo*
Personne	Rien	Jamais	Nulle part

TOP CHRONO
C'est l'interro !

[Chaque bonne réponse donne droit à 1 point.]

1. Nie les phrases suivantes. *5 min*

a. *Es ist mein Engagement.* ....

b. *Heute fährt er Schi.* ....

c. *Er hat Durst.* ....

d. *Ich habe Lust zu singen.* ....

e. *Hast du Brot gekauft?* ....

f. *Er hat Zeit, viel zu spielen.* ....

g. *Der Fortschritt ist immer gut.* ....

2. Entoure la négation dans les phrases suivantes. *2 min*

a. *Er wird nie und niemals Mediziner werden!*

b. *Das gestohlene Bild von Picasso ist nirgendwo zu finden.*

c. *Du hast keineswegs das Recht in diese Disko zu gehen!*

d. *Die Soldaten haben niemand in dem Tunnel gesehen.*

e. *Noch nie habe ich einen so rigiden Mann gesehen.*

SCORE

...... pts

51 NÉGATION (2)

Je révise

- **« *Nichts* » signifie « ne … rien ».** Il est la négation de « *etwas* ».

Ex : *Möchtest du etwas trinken? Nein danke, ich trinke nichts.*
Voudrais-tu boire quelque chose ? Non merci, je ne bois rien.

- **« *Nie* » et les composés de « *nie* » sont aussi des mots négatifs.**

NIE	*NIEMALS*	*NIEMAND*	*NIRGENDS*	*NIRGENDWO*
Ne… jamais	Ne … jamais	(ne) personne	Nulle part	Nulle part

Ex : *Ich trinke nie roten Wein* : je ne bois jamais de vin rouge.
Ex : *Niemand hat die Katze gesehen* : personne n'a vu le chat.
Ex : *So viel Auswahl finde ich nirgends* : je ne trouverai nulle part autant de choix.

- **Comme en français, on peut nuancer la négation** avec un « encore » ou un « plus » : pas …encore, ne … plus, encore …jamais.

Haben Sie noch Hunger?	*Nein, ich habe **keinen** Hunger **mehr**.*
Ist Paul noch da?	*Nein, er ist **nicht mehr** da.*
Warst du schon mal in Berlin?	*Nein, ich war **noch nie** in Berlin.*
Warst du schon mal in Hamburg?	*Nein, ich war **noch nicht** in Hamburg.*

- **Les composés de « *kein* » expriment logiquement aussi une négation.**

KEINERLEI	*KEINESFALLS*	*KEINESWEGS*	*KEINMAL*
D'aucune sorte Pas le/la moindre	En aucun cas Pas du tout	Aucunement Nullement	Pas une seule fois

TOP CHRONO
C'est l'interro !

1. Dans quelle phrase n'y a-t-il pas de négation ? [1 pt] *1 min*

a. *In Nepal konnten wir nirgendwo einen Doktor finden.*

b. *Die Demonstranten haben keineswegs das Recht, solche Parolen zu sagen.*

c. *Ich habe leider nur noch meine Mutter; mein Vater ist gestorben.*

d. *Er will nichts mehr sagen.*

2. Contredis les affirmations mensongères de ton interlocuteur. [2 pt] *8 min*

a. *Ich habe etwas gesagt. ≠ Nein, du hast ....!*

b. *Ich schlafe immer ohne Pyjama. ≠ Nein, du schläfst ....!*

c. *Ich war schon oft in Köln. ≠ Nein, du warst ....!*

d. *Ich habe alle gehört. ≠ Nein, du hast ....!*

e. *Ich bin noch jung. ≠ Nein, du bist ....!*

f. *Ich finde alles null! ≠ Nein, du findest ....!*

3. Complète avec la négation indiquée entre parenthèses. [1 pt] *4 min*

a. *Ich habe* .... *Sympathie für ihn.* (pas la moindre trace de)

b. *Er hat* .... *gesprochen.* (pas une seule fois)

c. *Ich will* .... *diesen Mann heiraten!* (en aucun cas)

d. .... *hat er das alte Spielzeug gefunden.* (nulle part)

SCORE

...... pts

52 INFINITIF OBJET

Je révise

- **La comparaison avec le français est possible ici** car celui qui apprend le français doit systématiquement se demander s'il mettra un « **de** », un « **à** » ou rien devant l'infinitif. En allemand, le choix se résume à choisir entre rien ou « **zu** ».

Ex : Je me décide **à** chanter : *ich entschließe mich* ***zu*** *singen.*

Ex : Je ne veux pas chanter : *ich will nicht singen.*

- Tu retiendras que le « *zu* » se place <u>immédiatement à gauche</u> de l'infinitif quel que soit le nombre de compléments avant lui. Donc, avec les préverbes séparables, tu insères le « *zu* » entre le préverbe et le verbe et attaches tous les mots. Par déduction, un verbe avec préverbe inséparable n'est pas concerné par cette insertion du « *zu* ». Il prend sa place habituelle.

Ex : *aus/wandern* ⇨ *Er hat Lust aus**zu**wandern* : il a envie **d**'émigrer. (Séparable)

Ex : *verreisen* ⇨ *Er hat Lust* ***zu*** *verreisen* : il a envie **de** partir en voyage. (Inséparable)

- Les situations les plus fréquentes se résument comme suit :

Pas de « *zu* » ⇘	Ajouter un « *zu* » ⇗
Après les verbes modaux et assimilés : *Wollen, mögen, können, dürfen, sollen, müssen, lassen, hören, sehen, fühlen, spüren et werden.*	Après tous les autres verbes. Y compris *lehren, lernen, helfen* et *heißen* quand la proposition subordonnée est longue.

- On ne tient pas compte ici des expressions idiomatiques composées de deux verbes comme *liegen bleiben, spazieren gehen, einkaufen fahren* ou les verbes *lehren, lernen, helfen* et *heißen* qu'on rencontre avec infinitif sans « *zu* » quand le complément est très bref : *Wir helfen dir umziehen* : nous t'aidons à déménager.

TOP CHRONO
C'est l'interro !

1. Barre les formes fausses ! [1 pt] 2 min

a. *Ich gehe mit meinem Hund (spazieren / zu spazieren).*

b. *Er lässt mich Gitarre (spielen / zu spielen).*

c. *Lust, mit mir im Restaurant (essen / zu essen)?*

d. *Anna bleibt im Bett (liegen / zu liegen).*

e. *Er traut sich nicht (hereinkommen / hereinzukommen).*

2. Insère un « zu » ou pas ! [1 pt par phrase] 2 min

a. Il est temps **de** travailler sérieusement : *Es ist Zeit, ernsthaft .... arbeiten.*

b. Elle doit partir tout de suite : *Sie soll gleich weg .... gehen.*

c. Arrête **de** chialer comme ça ! : *Hör auf, so .... heulen!*

d. Tout le monde aime manger des pizzas : *Alle mögen Pizzen .... essen.*

3. Insère un « zu » ou pas ! Observe le *verbe principal* plus que le sens de la phrase ! Si tu ne reconnais pas de verbe modal ou associé, mets « zu ». [1 pt par phrase] 3 min

a. *Er ist dir .... dein.................. Mitarbeit dankbar.*

b. *Die Mutter ist .... ihr.................. kranken Jungen besorgt.*

c. *Ich war .... d.................. Vandalismus empört.*

d. *Dorothea ist .... ihr.................. Schwester eifersüchtig.*

e. *Der Busfahrer ist .... d.................. Unfall verantwortlich.*

f. *Martina ist .... jed.................. Art von Nüssen allergisch.*

g. *Du bist zu empfindlich .... d.................. schwarzen Humor deiner Mutter!*

h. *Die Münchner sind .... ihr.................. Fußballmannschaft stolz.*

i. *Wir sind alle .... dies.................. Film gespannt!*

SCORE
...... pts

53 CONJONCTIONS DE SUBORDINATION

Je révise

➡ **N'oublie jamais qu'elles introduisent une subordonnée avec un sujet et son verbe conjugué est placé en fin de proposition**. Aucun infinitif n'est envisageable, notamment après « *bevor* » et « *nachdem* ».

Pour exprimer des indications de temps						
Wenn	*als*	*bevor*	*nachdem*	*Während*	*Seit(dem)*	*bis*
quand	lorsque	avant que	après que	pendant que	depuis que	jusqu'à ce que

La cause		La consequence		La concession	
Weil	*Da*	*Damit*	*Sodass*	*Obwohl*	*Selbst wenn*
Parce que	Puisque	Pour que	Si bien que	Bien que	Même si

L'hypothèse, la condition			La manière		L'interrogation indirecte
wenn	*falls*	*als ob*	*wie*	*indem*	*ob*
Si	au cas où	Comme si	comment	Dans la mesure où, comme	si

➡ **La conjonction « ob » exprime la question indirecte** et le composé « als ob » suivi du subjonctif 2 exprime une condition irréelle (comme si).

Ex : *Es ist, als ob ich 30 km gelaufen wäre* : c'est comme si j'avais couru 30 km.

TOP CHRONO
C'est l'interro !

1. Relie les deux phrases par une conjonction qui donne un sens cohérent à la nouvelle phrase.
[1 pt pour la conjonction, 1 pt pour la place des mots] *4 min*

a. *Er arbeitet hart. // Er bekommt ein sehr gutes Resultat.*

....

b. *Die Autos brauchen in Courchevel Schneeketten. // Es fällt viel Schnee.*

....

2. Insère la conjonction (plusieurs sont parfois possibles) qui apporte le sens indiqué entre parenthèses. Ajoute la virgule en même temps. [1 pt par conjonction] *8 min*

a. .... *ich schlecht hören kann, brauche ich eine Audioprothese.* (explication)

b. .... *ich in London war, aß ich einmal pro Woche Fish&Chips.* (temps)

c. *Es gab noch kein Fernsehen,* .... *mein Opa geboren wurde.* (temps)

d. *Er will sich waschen* .... *er ins Konzert geht.* (temps, antériorité)

e. *Er studiert Architektur,* .... *er sein Abitur bekommen hat.* (temps)

f. .... *sie sich verheiratet haben, haben sie schon ein Kind gehabt.*(temps)

g. .... *eine Katastrophe passiert, muss der Helikopter eingreifen.* (condition ou temps)

h. .... *er in diese Schule geht, hat er mehr Freunde.* (temps, début)

i. .... *es mehr Schnee gäbe, würde ich gern Schneemobil fahren!* (condition)

j. *Sie wollen dieses Auto* .... *es sehr elegant ist.* (cause)

k. *Die Oma kauft einen Rollator,* .... *ihr Mann spazieren gehen kann.* (but)

SCORE
...... pts

54 WENN / ALS / OB

Je révise

Les personnes apprenant l'allemand confondent souvent « ***wenn*** » avec « ***als*** » (lorsque) et « ***ob*** » (si). Ils ne sont pas interchangeables.

- ***Wenn*** exprime une condition (voir **fiche n° 58**) ; c'est pourquoi il peut se traduire par « si » et se confrondre avec « ob ».
  Ex : *Ich mache ihm einen Kaffee, wenn er kommt* : Je lui fait un café s'il vient.

- ***Wenn*** signifie « quand » pour les événements présents ou à venir, ou bien ceux qui se répètent dans le passé, le présent ou le futur, donc « chaque fois que ».
  Ex : *Wenn er den Bus nahm, saß er immer vorne rechts* : Quand il prenait le bus, il s'asseyait toujours devant à droite.
  Ex : *Wenn der Schnee fallen wird, werden die Schifahrer kommen* : lorsque la neige tombera, les skieurs arriveront.

- ***Als*** s'utilise pour un événement clos, unique et donc non répétitif dans le passé.
  Ex : *Als ich 1960 geboren wurde, war meine Mutter 22 Jahre alt :* lorsque je suis né en 1960, ma mère avait 22 ans.

- ***Ob*** se traduit effectivement par « si » mais ne s'emploie que pour les questions indirectes après des verbes comme *fragen*, *wissen*, par exemple.
  Ex : *Ich weiß nicht, ob er kommt* : Je ne sais pas s'il vient.
  Ex : *Er fragt mich, ob ich Jura studieren will* : Il me demande si je veux étudier du droit.

TOP CHRONO
C'est l'interro !

[Chaque bonne réponse donne droit à 1 point.]

Choisis entre *wenn, als* ou *ob*. *8 min*

a. .... *Conchita Wurst ein Mann oder eine Frau ist, ist unklar!*

b. .... *meine Oma ein Buch lesen will, braucht sie eine Lesebrille.*

c. .... *alle kooperieren würden, wäre alles simpel.*

d. *Die Schüler fragen sich,* .... *die Mathe-Arbeit nicht zu schwer war.*

e. *Wir waren schockiert,* .... *wir von diesem finanziellen Skandal hörten.*

f. *Ich frage objektiv,* .... *dieses Kind aggressiv sein kann.*

g. .... *du Auto fährst, denk daran, keinen Alkohol zu trinken!*

h. .... *der Klub mehr Geld hätte, hätte er bessere Resultate.*

i. .... *du dich nicht adaptierst, bekommst du viele Probleme in der Firma.*

j. *Ich war 2 Jahre alt,* .... *mein Vater an Leukämie starb.*

k. *Die Syrier hätten hier Platz,* .... *sie Lust dazu hätten.*

l. .... *die Berliner Mauer fiel, waren alle enthusiastisch.*

m. *Es wird über die Frage debattiert,* .... *wir noch arbeiten müssen.*

n. .... *ich mit meiner Kusine telefonierte, klopfte jemand an der Tür.*

o. *Ich frage dich,* .... *du dich besser integrieren willst.*

p. .... *du 500€ sparst, kannst du in Urlaub fahren!*

q. *Keiner fragt sich,* .... *ich müde bin oder nicht!*

r. *Sie hatte lange Haare,* .... *sie heiratete.*

s. *Die Taktik wäre gut,* .... *wir das Material und das Personal hätten.*

t. *Die Situation war kritisch,* .... *du telefoniert hast.*

SCORE

...... pts

55 UM...ZU / DAMIT / ZUM

Je révise

Une des marottes des Français apprenant l'allemand est d'utiliser « für » pour exprimer le but car ils imitent le « pour » du français. Il faut réellement s'en défaire ; cette faute devient trop culte !

- **Pour exprimer le but quand il y a un verbe**, il faut choisir entre « *um...zu* » et « *damit* ». Le premier est utilisé quand le sujet de l'action est le même dans les deux propositions ; il est donc inutile de répéter le sujet. Le second correspond plus au français « pour que » et s'impose quand le sujet de la subordonnée est différent de celui de la principale.

  Ex : *Ich jobbe, um mein Studium zu finanzieren* : J'ai un job pour financer mes études.

  Ex : *Meine Eltern arbeiten hart, damit ich studieren kann* : mes parents travaillent dur pour que je puisse faire des études.

- **La conjonction « damit »** est systématiquement suivie d'un verbe conjugué alors que *um...zu* appelle un infinitif. « *Damit* » est suivi de l'indicatif.

  Ex : *Damit er Fußball spielen kann, kaufen seine Eltern ein Trikot* : pour qu'il puisse jouer au football, ses parents lui achètent un maillot.

- **Tu peux exprimer un but** en utilisant la préposition « *zum* » et un infinitif auquel tu mets une majuscule (Infinitif substantivé). Avec « *kochen* », tu fais par exemple :

  Ex : *Zum Kochen brauchst du eine Schürze* : pour faire la cuisine, tu as besoin d'un tablier.

  En résumé, n'utilise la préposition « *für* » que quand elle est suivie d'un nom ou d'un pronom à l'accusatif. Si c'est un verbe à l'infinitif, passe à « *um...zu* » !

TOP CHRONO
C'est l'interro !

1. Reformule la proposotion infinitive en *um…zu* avec la tournure en « *zum* ». [1 pt pour le verbe, 1 pt pour le reste] *2 min*

a. *Um zu singen, musst du dich 30 Minuten lang einsingen.*

....

b. *Du musst Profi-Handschuhe haben, um zu boxen.*

....

2. Si tu devais formuler ces phrases en allemand, prendrais-tu « *um…zu* » ou « *damit* » ? Coche la case correspondante. [1 pt]. *3 min*

	Um… zu	**Damit**
a. Je fais des mini-jobs pour avoir de l'argent de poche.	☐	☐
b. Tu dois bosser pour avoir de meilleures notes.	☐	☐
c. Mon père bosse dur pour que je fasse des études.	☐	☐
d. Nous déménageons pour qu'Eva ait sa chambre.	☐	☐
e. Je te sermonne pour être sûr que tu vas changer.	☐	☐

3. Traduis en français. [1 pt pour la conjonction, 2 pts pour le reste] *3 min*

a. *Die Schüler verkaufen Schokolade, um eine Reise ans Meer zu organisieren.*

....

b. *Die deutsche Armee hilft in Syrien, damit die Verletzten[1] gepflegt[2] werden.*

....

1. *verletzt* : blessé
2. *pflegen* : soigner

SCORE

...... *pts*

56 PROPOSITION RELATIVE (1)

Je révise

- Dans la relative sujet, donc « qui » en français, le pronom a le genre et le nombre de l'antécédent auquel il se rapporte.
  - *Der Ingenieur* ⇨ le pronom sera masculin et singulier.
  - *Die Ingenieurin* ⇨ le pronom sera féminin et singulier.
  - *Das Fahrrad* ⇨ le pronom sera neutre et singulier.
  - *Die Kinder* ⇨ le pronom sera au pluriel.

- Le pronom relatif sujet est identique à l'article définitif DER-DIE-DAS-DIE. Du coup, il arrive assez souvent que le même mot se répète avant et après l'antécédent.

  Ex : *Der Ingenieur, der bei AEG arbeitet, ist gut bezahlt.* **:** L'ingénieur qui travaille chez AEG est bien payé.

  Ex : *Die Jugendliche, die Cannabis raucht, braucht Hilfe.* **:** L'adolescente qui fume du cannabis a besoin d'aide.

  Ex : *Das Mädchen, das Make-up benutzt, ist für mich zu jung. :* La fille qui utilise du maquillage est pour moi trop jeune.

- Ce ne sera bien sûr pas toujours le cas si l'antécédent est précédé d'un article indéfini, d'autres déterminants ou décliné à un autre cas. Toutefois, la forme du pronom relatif ne change pour autant.

  Ex : *Mein Vater redet mit einer Frau, die meine Stiefmutter werden soll. :* Mon père parle avec une femme qui va devenir ma belle-mère.

  Ex : *Mein Cousin gratuliert meinem Bruder, der in eine Eliteschule geht.* **:** Mon cousin félicite mon frère qui va entrer dans une école d'élite.

TOP CHRONO
C'est l'interro !

1. Place les pronoms relatifs proposés. Il y en a un en surnombre. [1 pt] *5 min*

der • der • die • die • das • das

a. *Das Bild von Deutschland, ... bei Franzosen nicht korrekt ist, ist altmodisch.*

b. *Diese Villa, ... sehr teuer ist, können nur Reiche kaufen.*

c. *Der Arbeiter arbeitet mit einem Roboter, ... 350.000€ kostet.*

d. *Die DDR spionierte alle Leute mit der Polizei aus, ... die Stasi geheißen hat.*

e. *Mit dem Fortschritt, ... immer schneller wird, lebt man komfortabler.*

2. Complète avec le bon pronom relatif sujet. [1 pt] *6 min*

a. *Die CARE-Pakete, ... von den USA kamen, waren eine große Hilfe für Berlin.*

b. *Der VW-Skandal, ... das Bild der Firma in den USA ruiniert hat, ist ein Drama.*

c. *Das e-Auto ist der neue Trend, ... in der Autoindustrie boomt.*

d. *Ich lese eine Webseite über die Trümmerfrauen, ... Deutschland wieder aufgebaut haben.*

e. *Mein Vater will nicht meine Freunde einladen, ... nicht gut an der Schule arbeiten.*

3. Traduis la phrase suivante en allemand. [5 pts] *2 min*

La professeur qui habite à Hamburg vient toujours avec le train qui part à **6h**.

....

....

SCORE

...... pts

57 RELATIVE COMPLÉMENT (2)

Je révise

Le pronom relatif complément COD ou COS rend « que » ou « à qui ».

Si le pronom relatif dans la subordonnée est un COD, il est à l'accusatif.

Ex : *Der **Ingenieur, den du magst, ist gut bezahlt**.*
L'ingénieur **que** tu apprécies est bien payé.

Ex : *Die **Jugendliche, die du magst, braucht deine Hilfe**.*
L'adolescente **que** tu aimes bien a besoin de ton aide.

Ex : *Das **Mädchen, das wir betreuen, hat ihren Vater verloren**.*
La fille **que** nous prenons en charge a perdu son père.

Si le pronom relatif est un COI ou COS, il sera au datif (*dem, der* ou *denen*).

Ex : *Der **Ingenieur, dem wir diese Erfindung verdanken, ist gut bezahlt**.*
L'ingénieur, **à qui** nous devons cette invention, est bien payé.

Ex : *Die **Jugendlichen, denen wir unsere Hilfe versprechen, glauben uns nicht**.*
Les adolescents, **à qui** nous promettons notre aide, ne nous croient pas.

Ex : *Das **Mädchen, dem ich ein Eis schenke, ist wirklich sehr süß**.*
La fille **à qui** j'offre une glace est vraiment très mignonne.

Si le pronom relatif est introduit par une préposition exigée par un verbe ou un adjectif, tu dois d'abord savoir quel cas cette préposition demande.

- *Die Frau, auf die ich warte, kommt nicht.* (Accusatif demandé ici par « *auf* »)
- *Der Mann, mit dem du sprichst, ist bekannt.* (Datif demandé par ici par « *mit* »)
- *Die Kinder, für die wir arbeiten, sind noch jung.* (Accusatif demandé ici par « *für* »)

TOP CHRONO
C'est l'interro !

1. Complète avec un pronom relatif à l'accusatif ou au datif. [1 pt] 6 min

a. *Hannah Arendt, ... jeder kennt, schrieb über den Nazismus.*

b. *Alle Demos, ... die Gruppe organisiert hat, blieben pazifistisch.*

c. *Magarethe von Trotta, ... ihr nicht kennt, ist eine renommierte Regisseurin.*

d. *Rosa Luxemburg, ... Polizisten getötet haben, war eine Kommunistin.*

e. *Die Schauspielerin, ... man einen Oscar verliehen hat, ist sehr glücklich.*

2. Complète avec le bon pronom relatif. Observe la préposition ! [1 pt] 6 min

a. *Die Mitarbeiter, mit .... wir arbeiten, sind neu in der Fabrik.*

b. *Der Basketballer, zu .... du sprichst, ist 2,10 m groß.*

c. *Die Königin, mit .... Napoleon diskutiert hat, war Luise von Preußen.*

d. *Ich kaufe in dem Supermarkt ein, bei .... alles biolologisch ist.*

e. *Die Frau, auf .... ich warte, wird vielleicht meine Frau sein.*

3. Traduis en allemand. [2 pts pour le relatif, 3 pts pour le reste] 5 min

a. La voiture que tu as achetée aujourd'hui est moderne.

....

b. Les gens chez qui tu travailles sont sympathiques.

....

c. La personne à qui tu parles a fait des études d'architecture.

....

SCORE

...... pts

58 FORMULER UNE CONDITION

Je révise

Il faut décider si cette condition est réalisable, un peu ou pas du tout. Il faut maîtriser le subjonctif 2 pour cette fiche. Reporte-toi à la fiche n° 16.

- **La condition toujours réalisable** est, comme en français, à l'indicatif.

  Ex : *Wenn ich Zeit habe, komme ich vorbei* :
  si j'ai le temps, je passe chez toi.

- **La condition encore possible** est au subjonctif 2 présent pour les deux verbes.

  Ex : *Wenn ich Zeit hätte, käme ich vorbei* :
  si j'avais le temps, je passerais chez toi.

- **La condition qui ne s'est pas réalisée** est au subjonctif 2 passé pour les deux verbes.

  Ex : *Wenn ich Zeit gehabt hätte, wäre ich vorbeigekommen* :
  si j'avais eu le temps, je serais passé chez toi.

- **La condition est également exprimée par un verbe conjugué**, placé en tête de phrase sans le « wenn ». Le mode et le temps du verbe restent les mêmes que dans la phrase en « wenn ». Dans ce cas, la principale commence souvent par « so » ou « dann » pour signaliser que c'est une condition. Mais ce n'est pas systématique !
  - *Wenn ich Zeit hätte, käme ich vorbei = Hätte ich Zeit, so käme ich vorbei.*

- On trouve une vague idée de condition irréelle dans les expressions « als ob » ou « als (verbe) » qui expriment une comparaison fictive, l'équivalent de « comme si ». De ce fait, on emploie ici le subjonctif 2 évoquant l'hypothèse.

  Ex : *Das Kind redet, als ob es erwachsen wäre* : l'enfant parle comme s'il était adulte.
  - Variantes : *Das Kind redet, als wäre es erwachsen = Das Kind redet, als sei es erwachsen.*
  - Après « *Als* » suivi d'un verbe, on trouve les subjonctifs 1 ou 2.

TOP CHRONO
C'est l'interro !

1. Reformule la phrase conditionnelle en enlevant le « *wenn* » et en ajoutant « *so* » ou « *dann* ».
[1 pt pour la place, 1 pt pour la conjugaison]

10 min

a. *Wenn du bei uns lebst, musst du in der Küche mitarbeiten.*

....

b. *Wenn sie schneller arbeiten würden, würden sie mehr Geld verdienen.*

....

c. *Wenn sie 1933 NEIN gesagt hätten, wäre Hitler nicht an die Macht gekommen.*

....

d. *Wenn wir uns nicht engagieren würden, würden die Politiker alles machen.*

....

e. *Wenn ich ein Motorrad gehabt hätte, wäre ich 200 km/h gefahren!*

....

2. Entoure la forme qui convient. [1 pt par mot]

2 min

a. *Wenn der Strom nicht wieder (kommt / käme), kann ich nicht arbeiten.*

b. *Wenn ich nicht 18 wäre, (kann / könnte) ich nicht wählen.*

c. *Wenn du aufgepasst (hättest /hast), wäre es nicht passiert.*

3. Traduis en allemand.
[1 pt pour le temps et la place du verbe, 1 pt pour le reste]

1 min

Il parle anglais comme s'il était Américain.

....

SCORE

...... pts

59 EXPRIMER LE REGRET

Je révise

On peut exprimer le regret par l'introduction d'un adverbe ou d'une phrase amorce. Dans tous les cas, il faut maîtriser le subjonctif 2.

- **Les adverbes suivants induisent par exemple un regret** dans la phrase : *leider* (malheureusement) • *bedauerlicherweise* (à mon grand regret) • *unglückliche-rweise* (malheureusement, par malchance).

Sans l'adverbe : on constate.	Avec l'adverbe : on le déplore.
Er ist früh gestorben	*Er ist bedauerlicherweise früh gestorben.*

- ***Des amorces en début de phrases jouent le même rôle***.
  - *Ich bedauere, dass...* (je regrette que).
  - *Es tut mir leid, dass...* (cela me chagrine que, je regrette que).
  - *(Es ist) schade, dass...* (c'est dommage que).

  Ex : *Es tut mir leid, dass du umziehst* : je regrette que tu déménages.

- **Le subjonctif 2** (voir fiche n° 16 apparaît souvent dans des phrases condition-nelles (voir fiche n° 58) ou exclamatives pour exprimer un regret. **Les particules modales** (voir fiche n° 62) « *bloß* », « *doch* » ou « *nur* » amplifie l'idée de regret induite par le subjonctif 2.

  Ex : *Wenn ich nur gelernt hätte!* : Si seulement j'avais appris !

  Ex : *Hätte ich bloß gelernt, hätte ich eine andere Note bekommen* :
  Si seulement j'avais appris, j'aurais eu une autre note.

TOP CHRONO
C'est l'interro !

1. Ajoute l'amorce indiquée entre parenthèses. [1 pt par phrase] *3 min*

a. *Es gibt immer mehr Allergien in unserem Land. (Es ist schade)*

....

b. *Meine Mutter trinkt zu viel Alkohol. (Ich bedauere)*

....

2. Insère un adverbe différent dans chaque phrase.
[1 pt pour l'adverbe, 1 pt pour la place du verbe] *5 min*

a. *Nordkorea ist immer noch eine Diktatur.*

....

b. *Die Internetprovider speichern alle unsere privaten Daten 6 Monate lang.*

....

c. *Diese Form der Macht ist sehr aggressiv.*

....

d. *Es gibt keinen Schnee in meiner Schistation; ich kann nicht Schi fahren.*

....

e. *Der Doktor konnte keine präzise Diagnose machen.*

....

f. *Das moderne Theaterstück war total langweilig.*

....

SCORE
...... pts

60 MODALISATION PAR LES VERBES DE MODALITÉ

Je révise

Ne confonds pas les verbes de modalité exprimant initialement une possibilité, une obligation ou une volonté avec ces mêmes verbes employés dans le cadre très spécifique de la modalisation : on veut ici exprimer un degré de certitude et de probabilité plus ou moins fort.

Pour dire que ton affirmation est quasi sûr, vraisemblable, possible ou juste une hypothèse, tu peux recourir aux verbes modaux. Prenons par exemple la phrase de base « *Lara ist in der Schule* ». Est-elle vraiment à l'école ?

-	*Sie muss in der Schule sein.*	Quasi sûr ! Pourquoi ne le serait-elle pas ?
↑	*Sie könnte in der Schule sein.*	Hypothèse vraisemblable.
	Sie dürfte in der Schule sein.	Hypothèse vraisemblable.
	Sie kann in der Schule sein.	Possible ! Pourquoi pas ?
+	*Sie mag in der Schule sein.*	Pas impossible ! Mais en fait je n'en sais rien.

Les modaux « *sollen* » et « *wollen* » n'interviennent pas dans l'évaluation de la vraisemblance, en revanche on les rencontre dans les situations de ragots ou affirmations à prendre avec prudence ! Il ne faut donc pas traduire le verbe modal littéralement ! Un indice utile : le verbe est souvent à l'infinitif passé.

Ex : *Sie **soll** zwei Liebhaber haben* : Le bruit court qu'elle aurait deux amants.

Ex : *Sie **will** zwei Liebhaber gehabt haben* : Elle prétend avoir eu deux amants.

Il est donc important de distinguer la fonction du verbe modal :

Ex : *Du sollst mit der Droge aufhören* : tu dois arrêter de te droguer.

Ex : *Du solltest mit der Droge aufhören* : tu devrais arrêter de te droguer.
MAIS : *Er soll mit der Droge aufgehört haben* : on dit qu'il a arrêté de se droguer.

TOP CHRONO
C'est l'interro !

1. Ajoute le verbe de modalité qui exprime le degré de certitude indiqué entre parenthèses. [1 pt par verbe bien conjugué] *7 min*

a. *Das Attentat* .... *gestern organisiert worden sein.* (Certain)

b. *Du* .... *eingeschlafen sein.* (Pas impossible, peu probable)

c. *Sie* .... *seekrank sein.* (Quasi certain)

d. *Er* .... *wohl Angst haben.* (Peu probable)

e. *Wir* .... *den falschen Weg genommen haben.* (Quasi sûr)

f. *Es* .... *ein Unfall passiert sein.* (Possible, pourquoi pas ?)

g. *Der Preis von den Smartphones* .... *teurer sein.* (Assez vraisemblable)

h. *Nächste Woche* .... *der Schnee fallen.* (Assez vraisemblable)

i. *Es* .... *sein!* (Peu probable, mais pas impossible)

j. *Das* .... *wohl passieren.* (Assez vraisemblable)

2. Reformule la phrase proposée entre introduisant soit « *sollen* », soit « *wollen* » pour indiquer la nuance indiquée entre parenthèses. [1 pt par verbe, soit 6] *5 min*

a. *Sie hat meine Arbeit imitiert.* (C'est ce qu'il prétend.)

....

b. *Sie hat 15 Kinder gehabt.* (On le prétend.)

....

c. *Sie haben eine Villa in Hollywood gekauft.* (Tout le monde le raconte.)

....

3. Si on prend « *müssen* », quelle phrase comporte le *müssen* de modalité exprimant clairement une obligation, laquelle exprime une modalisation de forte probabilité ? [2 pt chacune] *1 min*

a. *Sie muss langsam fahren.* • **b.** *Die Analyse muss negativ gewesen sein.*

1. Obligation= .... **2.** Forte probabilité= ....

SCORE

...... pts

61 MODALISER AVEC DES ADVERBES

Je révise

On modalise son discours en exprimant un niveau de certitude ou de probabilité grâce à des adverbes ou un usage particulier des verbes modaux. Pour les seconds, reporte-toi à la fiche n° 11.

- **Les adverbes suivants expriment un niveau de probabilité** qui va du moins sûr au plus certain.

-	*Vielleicht* (peut-être) / *möglicherweise* (possible) / *eventuell* (éventuellement)
↑	*Wohl* (probablement) / *wahrscheinlich* (vraisemblablement) / *vermutlich* (probablement, apparemment) / *anscheinend* (apparemment) *Höchstwahrscheinlich* (très vraisemblablement)
+	*Zweifellos* (sans aucun doute) / *freilich* (à dire vrai) /*sicher* (certainement) / *sicherlich* (certainement) / *bestimmt* (assurément)

- **Ces modalisateurs étant des adverbes**, ils peuvent occuper la première place de la phrase. Ils sont donc suivis du verbe en deuxième position. « Wohl » préfère néanmoins être placé après le verbe.

- *Vielleicht ist er krank. (Er ist möglicherweise krank.)* - *Er ist wohl krank. (Wahrscheinlich ist er krank.)* - *Er ist höchstwahrscheinlich krank.* - *Bestimmt ist er krank. (Er ist sicherlich krank.)*	- ↑ +

- **Tu peux varier les formulations** entre le verbe modal et l'adverbe :
  - *Er mag krank sein = Er ist möglicherweise krank.*
  - *Er muss krank sein = Er ist bestimmt krank.*

TOP CHRONO
C'est l'interro !

1. Reformule les phrases en utilisant un adverbe de modalisation au lieu du verbe de modalité et en respectant le degré de certitude. Cela implique que tu retouches à la structure de la phrase.
[3 pts par phrase]

10 min

a. *Meine Lehrerin dürfte nach ihrer Konvaleszenz zurückkommen.*

....

b. *Anita muss nun 90 Jahre alt sein.*

....

c. *Es mag sein, dass die drei Schwestern Profi-Tennisspielerinnen werden.*

....

d. *Frau Schallmeyer kann ein 3. Kind bekommen haben.*

....

2. Insère un adverbe dans la phrase pour exprimer la modalisation indiquée entre parenthèses.
[1 pt par adverbe, 1 pt pour place des mots]

10 min

a. *Martina ist Polizistin geworden.* (Aucun doute possible)
b. *Diese Statue ist sehr hoch.* (Certitude absolue)
c. *Sie gehen von Syrien nach Österreich.* (C'est très vraisemblable.)
d. *Sie hat sich eine Yacht zu 3 Millionen Euro gekauft.* (Possible, sans plus)

a. ....

b. ....

c. ....

d. ....

SCORE
...... pts

62 PARTICULES MODALES

Je révise

Les particules modales (ou illocutoires) sont facultatives, propres à l'oral et souvent inaccentuées. Elles expriment une émotion ou un état d'esprit que le locuteur souhaite ajouter à l'énoncé brut de sa phrase. De ce fait, elles ne changent pas le sens de la phrase.

- **Toujours complémentaire, jamais centrale**, la particule modale ne se place jamais en première position, mais le plus souvent après le verbe.
  - **Expriment la surprise** les particules *aber, ja, denn, vielleicht*.
  - **Expriment la supposition** les particules *wohl, ja wohl, doch wohl, schon*.
  - **Expriment la contradiction et la contrariété** les particules *doch, allerdings*.
  - **Expriment une explication plutôt évidente** les particules *ja, eben, halt, auch*.
  - **Expriment une constatation un peu fataliste** les particules *halt, nun mal, einfach*.
  - **Expriment l'envie de savoir** les particules *denn, eigentlich, überhaupt, bloß, nur*.
  - **Expriment une demande** les particules *mal, doch mal, halt, schon, einfach*.
  - **Expriment la volonté de limiter ou atténuer son propos** les particules *schon, eigentlich, schon mal, immerhin*.
  - **Expriment la menace ou l'alerte** les particules *ja, bloß, nun, wohl*.

- Certaines particules sont polyvalentes. Seul le contexte peut aider à savoir quel sentiment est exprimé dans la phrase. Parfois il y a deux particules illocutoires différentes dans la même phrase. Le locuteur peut très bien vouloir exprimer un ordre et une contrariété en même temps. En compréhension de l'écrit et de l'oral, ce sont des petits mots bien utiles pour détecter les émotions et les réactions des personnages. Pour les employer soi-même à l'oral, il faut plutôt les pratiquer au quotidien avec les locuteurs natifs en imitant leurs phrases en situation.

TOP CHRONO
C'est l'interro !

[Chaque bonne réponse donne droit à 1 point.]

1. Quelle émotion apporte selon toi la particule modale dans les phrases suivantes. Entoure la bonne réponse. *8 min*

a. *Kommt bloß nicht zu spät!*

1. *Une menace* **2.** *Une curiosité*

b. *Der Film war gut; die DVD ist allerdings sehr teuer.*

1. *Une constatation* **2.** *Une contrariété*

c. *Der Schüler wird ja wohl verstehen, dass er zu frech war.*

1. *Une surprise* **2.** *Une supposition*

d. *Alle Blumen auf der Terrasse sind trocken. Der Sommer war ja zu heiß.*

1. *Une explication évidente* **2.** *Une supposition*

e. *Kannst du überhaupt schwimmen?*

1. *Une curiosité* **2.** *Une contrariété*

f. *Es stimmt schon. Aber ich bleibe bei meiner Meinung.*

1. *Une explication* **2.** *Une restriction, une atténuation*

g. *Wie kommst du denn auf diese Idee?*

1. *Une demande forte* **2.** *Une réelle surprise*

h. *Karl hat wieder Note 1! Er ist nun mal besser als wir.*

1. *Une constatation fataliste* **2.** *Une contrariété*

i. *Würden Sie bitte gerade mal das Fenster aufmachen?*

1. *Une curiosité* **2.** *Une injonction*

j. *Der war vielleicht blöd! Ich erkenne ihn nicht mehr!*

1. *Une surprise* **2.** *Une explication*

SCORE

...... pts

63 RECTION DES VERBES (1)

Je révise

Quelques verbes sont suivis du datif, de l'accusatif ou du génitif et se distinguent ainsi de la forme française.

- **En traduisant du français mot à mot**, tu risques de te tromper. Un verbe comme « *helfen* » le montre bien.
  - **Français** : je t'aide (TE = complément d'objet direct)
  - **Allemand** : *Ich helfe dir* (DU = complément indirect au datif)

- **Complément au datif** : *ausweichen* (éviter) • *begegnen* (rencontrer) • *danken* (remercier) • *dienen* (servir) • *drohen* (menacer) • *folgen* (suivre) • *glauben* (croire) • *gratulieren* (féliciter) • *helfen* (aider) • *sich nähern* (s'approcher) • *schmeicheln* (flatter) • trotzen (défier, tenir tête) • *widersprechen* (contredire) • *widerstehen* (résister) • *zuhören* (écouter)

  Ex : *Er ist einem Buddhisten begegnet* : il a rencontré un bouddhiste.

  Ex : *Ich danke dir* : je te remercie.

  Ex : *Sie gratulieren ihrem Freund zum Geburtstag* : ils félicitent leur ami à l'occasion de son anniversaire.

  Ex : *Georg Elser widerstand dem Nazismus* : George Elser résista au nazisme.

  Ex : *Wir folgen ihm* : nous le suivons.

- **Complément à l'accusatif** : *aus/lachen* (se moquer) • *beneiden* (envier) • *bitten* (prier) • *fragen* (demander) • *brauchen* (avoir besoin) • *entbehren* (se passer de) • *genießen* (jouir) • *kosten* (coûter) • *lehren* (enseigner) • *los/werden* (se débarasser) • *überleben* (survivre) • *vermissen* (manquer)

  Ex : *Die Mitschüler lachen den schwachen Jungen aus* : les camarades de classe se moquent du faible garçon.

  Ex : *Er fragt mich, wo ich herkomme* : il me demande d'où je viens.

  Ex : *Das Haus kostet mich keinen Cent* : la maison ne me coûte pas un centime.

  Ex : *Ich vermisse dich* : tu me manques.

- **Complément au génitif** : (peu usité) On s'arrêtera ici à *gedenken* (faire mémoire, se souvenir de, rendre hommage).

TOP CHRONO
C'est l'interro !

[Chaque bonne réponse donne droit à 1 point.]

1. Coche la case correspondante. *8 min*

Verbe suivi de :	ACC	DAT		ACC	DAT
begegnen	☐	☐	*auslachen*	☐	☐
gratulieren	☐	☐	*dienen*	☐	☐
lehren	☐	☐	*zuhören*	☐	☐
bitten	☐	☐	*helfen*	☐	☐
danken	☐	☐	*vermissen*	☐	☐
ausweichen	☐	☐	*kosten*	☐	☐
widerstehen	☐	☐	*genießen*	☐	☐
trotzen	☐	☐	*widersprechen*	☐	☐
überleben	☐	☐	*brauchen*	☐	☐
loswerden	☐	☐	*folgen*	☐	☐

2. Certains verbes de cette liste sont très fréquents dans les textes d'examen. De même, les notions traitées en terminale t'incitent à les utiliser en expression. Maîtrise la déclinaison ! Complète ou entoure le cas voulu. *3 min*

a. *Wilhelm Tell hat d............ Kaiser von Österreich widerstanden.*

b. *Das ostdeutsche Volk folgte d............ neuen sowjetischen Führer, Stalin.*

c. *Er widerspricht ihn / ihm — Sie widersprach sie / ihr — Ihr widersprecht sie / ihnen.*

d. *Du hilfst d............ Mann – Er hilft d............ Migrantin – Du hilfst d............ Migranten.*

SCORE

...... pts

64 RECTION DES VERBES (2)

Je révise

- **Préposition AN et accusatif** : *sich beteiligen* (participer) • *fehlen* (manquer de) • *sich rächen* (se venger) • *sterben* (mourir) • *teil/nehmen* (participer)

  Ex : *Es fehlt ihm an Mut* : il manque de courage.

- **Préposition AUF et accusatif** : *beruhen* (reposer) • *basieren (être basé)*

  Ex : *Der Mythos beruht auf einer wahren Geschichte* : le mythe repose sur une histoire vraie.

- **Préposition AUS et datif** : *schließen* (conclure) • stammen (provenir de) • *werden* (advenir).

  Ex : *König Artus stammt aus England* : le roi Arthur est originaire d'Angleterre.

- **Préposition MIT et datif** : *an/fangen, beginnen* (commencer) • *auf/hören* (arrêter) • enden (finir) • *Mitleid haben* (avoir pitié) • *um/gehen* (s'y prendre) • *verbinden* (mettre en relation)

  Ex : *Der Mythos fängt immer mit einer wahren Geschichte an* : le mythe démarre toujours par une histoire vraie.

- **Préposition NACH et datif** : sich sehnen (se languir) • streben (aspirer)

  Ex : *Die Romantiker sehnen sich nach den alten germanischen Helden* : les romantiques ont la nostalgie des anciens héros germaniques.

- **Préposition VON et datif** : *abhängen* (dépendre) • *erzählen* (raconter) • *handeln* (s'agir) • *sprechen* (parler)

  Ex : *Die Sage handelt von einem Helden* : la légende traite d'un héros.

- **Préposition VOR et datif** : *sich fürchten* (craindre) • *schützen* (protéger)• *retten* (sauver) • *fliehen* (fuir) • *Angst haben* (avoir peur) • *Achtung haben* (respecter)

  Ex : *Der Held schützt alle vor den Bösen* : le héros protège tout le monde contre les méchants.

TOP CHRONO
C'est l'interro !

[Chaque bonne réponse donne droit à 1 point.]

1. Coche la case correspondante. *8 min*

Verbe suivi de :	AN	AUS	MIT	VOR
umgehen	☐	☐	☐	☐
sterben	☐	☐	☐	☐
sprechen	☐	☐	☐	☐
enden	☐	☐	☐	☐
angst haben	☐	☐	☐	☐
teilnehmen	☐	☐	☐	☐
schützen	☐	☐	☐	☐
retten	☐	☐	☐	☐
fliehen	☐	☐	☐	☐
sich rächen	☐	☐	☐	☐

	AN	AUS	MIT	VON
verbinden	☐	☐	☐	☐
schließen	☐	☐	☐	☐
abhängen	☐	☐	☐	☐
stammen	☐	☐	☐	☐
mitleid haben	☐	☐	☐	☐
handeln	☐	☐	☐	☐
werden	☐	☐	☐	☐
erzählen	☐	☐	☐	☐
aufhören	☐	☐	☐	☐
fehlen	☐	☐	☐	☐

2. Complète avec la bonne préposition et la bonne déclinaison. *4 min*

a. *Die Politiker sollten mehr .... d............ Demonstrationen teilnehmen.*

b. *Der Text endet .... d............ Thema der Macht.*

c. *Das Volk hat Mitleid .... d............ Helden, die jung starben.*

d. *Brunhilde erzählt Attila .... d............ König Gunther.*

e. *Die Saga beruht .... d............ Leben von dem Wikinger Erik dem Roten.*

SCORE

...... pts

65 RECTION DES VERBES (3)

Je révise

- **Avec la préposition *ZU* :**

bei/tragen (contribuer) • *ein/laden* (inviter) • *gehören* (appartenir) • *gratulieren* (féliciter) • *verurteilen* (condamner)

Ex : *Wilhelm Tell gehört auch zu den fiktiven Helden der Literatur :* Guillaume Tell appartient également aux héros fictifs de la littérature.

- **Avec la préposition AN :**

denken (penser) • *sich erinnern* (se souvenir) • *gewöhnen* (habituer) • *glauben* (croire)).

Ex : *Wir erinnern uns an die Opfer des Attentats* : nous nous souvenons des victimes de l'attentat.

- **Avec la préposition *AUF* :**

acht/geben, achten, auf/passen (faire attention) • *antworten* (répondre) • *sich beschränken* (se limiter) • *sich beziehen (se rapporter)* • *sich freuen* (se réjouir d'une chose à venir) • *reagieren* (réagir) • *sich verlassen* (se fier) • *verzichten* (renoncer) • *vor/bereiten* (préparer) • *warten* (attendre)

Ex : *Brunhild verlässt sich ganz auf ihren magischen Gürtel* : Brunhild se fie complètement à sa ceinture magique.

- **Avec la préposition *FÜR* :**

sich aus/geben (se faire passer) • *danken* (remercier) • *gelten* (passer pour) • *halten* (considérer) • *sich interessieren* (s'intéresser) • *schwärmen* (s'enthousiasmer)

Ex : *Ich halte Mythen füt total altmodisch* : je considère les mythes comme totalement démodés.

TOP CHRONO
C'est l'interro !

[Chaque bonne réponse donne droit à 1 point.]

1. Complète avec la bonne préposition et la bonne déclinaison. *6 min*

a. *Der Dieb ist .... 3 Jahren Gefängnis verurteilt.*
b. *Dieser Mann gibt sich .... mein................ Vater aus.*
c. *Ich freue mich .... d................ Ferien.*
d. *Dummheit trägt .... d................ Intoleranz bei.*
e. *Wir denken .... d................ Vater in der Klinik.*
f. *Sie verzichten .... ein................ Bonus.*
g. *Teenager schwärmen .... Videospiele.*
h. *Ich lade dich .... ein................ Tasse Kaffee ein.*
i. *Alle haben sich .... d................ Sonne gewöhnt.*
j. *Ich verlasse mich total .... dich.*

2. Coche la case correspondante. *3 min*

Suivi de :	AN	ZU	FÜR	Suivi de :	AUF	FÜR	ZU
denken	☐	☐	☐	*gratulieren*	☐	☐	☐
danken	☐	☐	☐	*sin interessieren*	☐	☐	☐
einladen	☐	☐	☐	*sich freuen*	☐	☐	☐
halten	☐	☐	☐	*sich ausgeben*	☐	☐	☐
glauben	☐	☐	☐	*gehören*	☐	☐	☐

SCORE

...... pts

66 RECTION DES VERBES (4)

Je révise

Avec la préposition *IN* :

ein/brechen (cambrioler) • *ein/greifen* (intervenir) • *geraten* (parvenir) • *sich gliedern* (se diviser) • *teilen* (séparer) • *übersetzen* (traduire) • *sich verlieben* (tomber amoureux) • *verwandeln* (transformer)

Ex : *Mein Beitrag gliedert sich in 3 Teile* : mon oral se divise en 3 parties.

Avec la préposition *ÜBER* :

sich ärgern (s'agacer) • *sich auf/regen* (s'énerver) • *sich beklagen, klagen* (se plaindre) • *sich einigen* (s'accorder) • *sich empören* (s'indigner) • *sich freuen* (se réjouir) • *herrschen* (régner) • *lachen* (rire) • *nach/denken* (réfléchir) • *siegen* (vaincre) • *spotten* (se moquer) • *staunen* (s'étonner) • *streiten* (se disputer) • *urteilen* (juger) • *verfügen* (disposer) • *sich wundern* (s'étonner)

Ex : *Sie empört sich über die Macht des Geldes* : elle est indignée par le pouvoir qu'a l'argent.

Avec la préposition *UM* :

sich bemühen (s'efforcer) • *beneiden* (envier) • *sich bewerben* (poser candidature) • *bitten* (prier) • *fragen* (demander) • *sich handeln* (s'agir) • *kämpfen* (lutter) • *sich kümmern* (s'occuper) • *sinken* (diminuer de) • *steigen* (monter de) • *werben* (briguer)

Ex : *Er bewirbt sich um eine Bäckerstelle* : Il dépose sa candidature pour un emploi de boulanger.

TOP CHRONO
C'est l'interro !

[Chaque bonne réponse donne droit à 1 point.]

1. Coche la case correspondante. *8 min*

Verbe suivi de :	*IN*	*ÜBER*	*UM*		*IN*	*ÜBER*	*UM*
sinken	☐	☐	☐	*eingreifen*	☐	☐	☐
sich gliedern	☐	☐	☐	*fragen*	☐	☐	☐
sich verlieben	☐	☐	☐	*steigen*	☐	☐	☐
nachdenken	☐	☐	☐	*verfügen*	☐	☐	☐
Sich bemühen	☐	☐	☐	*Sich einigen*	☐	☐	☐
staunen	☐	☐	☐	*teilen*	☐	☐	☐
sich kümmern	☐	☐	☐	*streiten*	☐	☐	☐
klagen	☐	☐	☐	*Sich bewerben*	☐	☐	☐
sich entscheiden	☐	☐	☐	*bitten*	☐	☐	☐
sich einmischen	☐	☐	☐	*eingliedern*	☐	☐	☐
herrschen	☐	☐	☐	*Sich ärgern*	☐	☐	☐

2. On peut rencontrer des verbes sans leur préposition. Il suffit pour cela de rajouter le préfixe be-. Cela rend le verbe transitif suivi de l'accusatif : *Ich siege über dich = ich besiege sich* = je te vaincs. Fais la même chose avec les verbes suivants. *3 min*

a. *Ich staune über das Monument.* ⇨ *ich* ....

b. *Er urteilt über die Situation* ⇨ *Er* ....

c. *Er antwortet auf die Frage* ⇨ *Er* ....

SCORE

...... pts

A2-B1

67 VERBES IRRÉGULIERS (1)

Je révise

Befehlen	*er*	*befiehlt*	*befahl*	*hat befohlen*	ordonner
Beginnen	*er*	*beginnt*	*begann*	*hat begonnen*	commencer
Bieten	*er*	*bietet*	*bot*	*hat geboten*	offrir
Binden	*er*	*bindet*	*band*	*hat gebunden*	lier
Bitten	*er*	*bittet*	*bat*	*hat gebeten*	demander
Bleiben	*er*	*bleibt*	*blieb*	*ist geblieben*	rester
Erschrecken	*er*	*erschrickt*	*erschrak*	*ist erschrocken*	s'effrayer
Essen	*er*	*isst*	*aß*	*hat gegessen*	manger
Fahren	*er*	*fährt*	*fuhr*	*ist gefahren*	rouler
Fallen	*er*	*fällt*	*fiel*	*ist gefallen*	tomber
Fangen	*er*	*fängt*	*fing*	*hat gefangen*	attraper
Fechten	*er*	*ficht*	*focht*	*hat gefochten*	faire de l'escrime
Finden	*er*	*findet*	*fand*	*hat gefunden*	trouver
Fliegen	*er*	*fliegt*	*flog*	*ist geflogen*	voler
Fließen	*er*	*fließt*	*floss*	*ist geflossen*	couler
Gehen	*er*	*geht*	*ging*	*ist gegangen*	aller
Gelingen	*es*	*gelingt*	*gelang*	*ist gelungen*	réussir
Gelten	*es*	*gilt*	*galt*	*hat gegolten*	valoir
Genießen	*er*	*genießt*	*genoss*	*hat genossen*	savourer
Geschehen	*es*	*geschieht*	*geschah*	*ist geschehen*	se passer
Gewinnen	*er*	*gewinnt*	*gewann*	*hat gewonnen*	gagner
Graben	*er*	*gräbt*	*grub*	*hat gegraben*	creuser
Greifen	*er*	*greift*	*griff*	*hat gegriffen*	saisir
Halten	*er*	*hält*	*hielt*	*hat gehalten*	tenir
hängen	*er*	*hängt*	*hing*	*hat gehangen*	être suspendu
Heißen	*er*	*heißt*	*hieß*	*hat geheißen*	s'appeler
Laden	*er*	*lädt*	*lud*	*hat geladen*	charger
Lassen	*er*	*lässt*	*ließ*	*hat gelassen*	laisser
Laufen	*er*	*läuft*	*lief*	*ist gelaufen*	courir

TOP CHRONO
C'est l'interro !

1. Quels verbes forts reconnais-tu dans ces verbes contenant un préverbe ? Encadre-les. [0,5 pt par verbe] *2 min*

a. *Verbieten • zerfallen • befinden • behalten*

b. *Überfahren • sich vergraben • entladen • erfechten*

2. Quels verbes ne sont pas forts ? Barre les cases. [0,5 pt par verbe] *2 min*

bluten	*erben*	*binden*	*fließen*	*heißen*	*laufen*	*graben*
führen	*gelten*	*gelingen*	*planen*	*bitten*	*fügen*	*geschehen*

3. Mets le verbe au présent de l'indicatif. [1 pt par verbe] *5 min*

a. *Es ist mir nie gelungen :* ....

b. *Der Mantel hat in der Garderobe gehangen :* ....

c. *Wie hieß diese Stadt noch? :* ....

d. *Wir gruben 1 m tief :* ....

e. *Er hat Bilder hochgeladen :* ....

4. Certains verbes forts sont la racine d'autres verbes forts comme « fangen ». La forme irrégulière reste identique. Mets les phrases suivantes au parfait. [1 pt auxiliaire, 1 pt participe] *4 min*

a. *Ich fange meine Arbeit an :* ....

b. *Er empfängt seine Freunde :* ....

SCORE

...... pts

A2-B1

68 VERBES IRRÉGULIERS (2)

Je révise

Leiden	*er*	*leidet*	*litt*	*hat gelitten*	souffrir
Leihen	*er*	*leiht*	*lieh*	*hat geliehen*	prêter
Lesen	*er*	*liest*	*las*	*hat gelesen*	lire
Liegen	*er*	*liegt*	*lag*	*hat gelegen*	être couché
Lügen	*er*	*lügt*	*log*	*hat gelogen*	mentir
Messen	*er*	*misst*	*maß*	*hat gemessen*	mesurer
Raten	*er*	*rät*	*riet*	*hat geraten*	conseiller
Reißen	*er*	*reißt*	*riss*	*hat gerissen*	déchirer
Reiten	*er*	*reitet*	*ritt*	*ist/hat geritten*	chevaucher
Riechen	*er*	*riecht*	*roch*	*hat gerochen*	sentir
Rufen	*er*	*ruft*	*rief*	*hat gerufen*	appeler
Schaffen	*er*	*schafft*	*schuf*	*hat geschaffen*	créer
Scheiden	*er*	*scheidet*	*schied*	*hat geschieden*	séparer
Scheinen	*er*	*scheint*	*schien*	*hat geschienen*	briller, sembler
Schieben	*er*	*schiebt*	*schob*	*hat geschoben*	pousser
Schießen	*er*	*schießt*	*schoss*	*hat geschossen*	tirer (arme)
Schlafen	*er*	*schläft*	*schlief*	*hat geschlafen*	dormir
Schlagen	*er*	*schlägt*	*schlug*	*hat geschlagen*	battre
Schließen	*er*	*schließt*	*schloss*	*hat geschlossen*	fermer
Schneiden	*er*	*schneidet*	*schnitt*	*hat geschnitten*	couper
Schreiben	*er*	*schreibt*	*schrieb*	*hat geschrieben*	écrire
Schreien	*er*	*schreit*	*schrie*	*hat geschrien*	crier
Schreiten	*er*	*schreitet*	*schritt*	*ist geschritten*	marcher
Schweigen	*er*	*schweigt*	*schwieg*	*hat geschwiegen*	se taire
Schwimmen	*er*	*schwimmt*	*schwamm*	*ist geschwommen*	nager

TOP CHRONO
C'est l'interro !

1. Quels verbes dans la liste ne sont pas forts ? [1 pt par verbe] *30 s*

leiden • leben • liegen • listen • lügen

2. Mets le verbe au parfait. [1 pt pour l'auxiliaire, 1 pt place des mots] *4 min*

a. *Ich leihe dir mein Fahrrad :* ....

b. *Der Hund reißt den Karton in Stücke :* ....

c. *Er schlägt seine Frau :* ....

d. *Du rufst deinen Chef an :* ....

3. Mets le verbe au prétérit. [1 pt par verbe] *4 min*

a. *Er schließt die Tür ab :* ....

b. *Der Vater lügt seinen Sohn an :* ....

c. *Das Mädchen schweigt permanent :* ....

d. *Ich schaffe ein neues Programm :* ....

4. Reformule au plus-que-parfait. [1 pt auxiliaire, 1 pt participe] *3 min*

a. *Er scheidet die faulen Äpfel von den guten.*

....

b. *Ich reite jedes Wochenende mit meiner Freundin durch den Wald.*

....

SCORE

...... *pts*

A2-B1

69 VERBES IRRÉGULIERS (3)

Je révise

Schwören	*er*	*schwört*	*schwor*	*hat geschworen*	jurer
Sehen	*er*	*sieht*	*sah*	*hat gesehen*	voir
Sinken	*er*	*sinkt*	*sank*	*ist gesunken*	sombrer
Sitzen	*er*	*sitzt*	*saß*	*hat gesessen*	être assis
Springen	*er*	*springt*	*sprang*	*ist gesprungen*	sauter
Stehen	*er*	*steht*	*stand*	*hat gestanden*	être debout
Steigen	*er*	*steigt*	*stieg*	*ist gestiegen*	monter
Sterben	*er*	*stirbt*	*starb*	*ist gestorben*	mourir
stinken	*er*	*stinkt*	*stank*	*hat gestunken*	puer
Stoßen	*er*	*stößt*	*stieß*	*hat gestoßen*	pousser
Streiten	*er*	*streitet*	*stritt*	*hat gestritten*	se disputer
Tragen	*er*	*trägt*	*trug*	*hat getragen*	porter
Treiben	*er*	*treibt*	*trieb*	*hat getrieben*	pousser
Treten	*er*	*tritt*	*trat*	*ist getreten*	marcher
Trinken	*er*	*trinkt*	*trank*	*hat getrunken*	boire
Trügen	*er*	*trügt*	*trog*	*hat getrogen*	tromper
Vergessen	*er*	*vergisst*	*vergaß*	*hat vergessen*	oublier
Verlieren	*er*	*verliert*	*verlor*	*hat verloren*	perdre
Wachsen	*er*	*wächst*	*wuchs*	*ist gewachsen*	grandir
Waschen	*er*	*wäscht*	*wusch*	*hat gewaschen*	laver
Werben	*er*	*wirbt*	*warb*	*hat geworben*	recruter
Werden	*er*	*wird*	*wurde*	*ist geworden*	devenir
Werfen	*er*	*wirft*	*warf*	*hat geworfen*	jeter
Ziehen	*er*	*zieht*	*zog*	*hat/ist gezogen*	tirer, partir*
Zwingen	*er*	*zwingt*	*zwang*	*hat gezwungen*	forcer

TOP CHRONO
C'est l'interro !

1. Entoure la forme juste. [1 pt par verbe] *30 s*

a. *Der klassische Held (stirbt / sterbt) nie.*

b. *Der böse Junge (stößt / stoßt) das Mädchen an.*

2. Quels verbes dans la liste ne sont pas forts ?
Barre la case. [2 pts par verbe] *2 min*

sitzen	*setzen*	*zwingen*	*werden*	*schwören*	*streiten*
hämmern	*verlieren*	*gucken*	*sinken*	*steigen*	*trügen*

3. Mets le verbe au présent de l'indicatif. [2 pts par verbe] *4 min*

a. *Ich hatte ihn gezwungen :* ....

b. *Er sprang auf das Boot :* ....

c. *Er zog nach Amerika :* ....

4. Mets le verbe au parfait. [1 pt pour auxiliaire, 1 pt participe] *5 min*

a. *Die tote Katze stinkt :* ....

b. *Das Kind wächst sehr schnell :* ....

c. *Sie vergisst ihre Kindheit in Paris :* ....

d. *Sie wäscht die dreckige Hose :* ....

SCORE

...... pts

VOCABULAIRE

1 VIE PERSONNELLE ET FAMILIALE

Je révise

Die Eltern / die Großeltern	les parents / les grand-parents
Der Großvater (¨) / die Großmutter (¨)	le grand-père / la grand-mère
Die Mutter (¨) / der Vater (¨)	la mère / le père
Der Sohn (¨e) / die Tochter (ö)	le fils / la fille
Der Bruder (ü) / die Schwester (n)	le frère / la sœur
Die Zwillinge / Zwillingsbrüder....	les jumeaux ou jumelles / frères jumeaux...
Der Onkel (-) / die Tante (n)	l'oncle / la tante
Die Nichte (n) / der Neffe (n)	la nièce / le neveu
Der Cousin (s)=Vetter (-) / die Kusine (n)	le cousin / la cousine
Das Kind (er) / das Einzelkind (er)	l'enfant / l'enfant unique
Der Enkel (-) / die Enkelin (nen)	le petit-fils / la petite-fille
Der Stiefvater / die Stiefmutter	le beau-père / la belle-mère
Der Schwiegervater / die ~ mutter	le beau-père / la belle-mère
Die Doppelverdiener-Familie (n)	la famille avec couple bi-actif
Die / der Alleinerziehende (n)	la famille monoparentale (mère/ père)
Die Wochenend-Familie (n)	les célibataires géographiques
Die Patchwork-Familie (n)	la famille recomposée
Die Familie (n) mit Hausmann	la famille avec père au foyer
Die Familie (n) mit Hausfrau	la famille avec mère au foyer
Die Adoptiveltern, Pflegeeltern (n)	les parents adoptifs
Das gleichgeschlechtliche Paar	le couple homosexuel
Die kinderlose Partnerschaft (en)	le couple sans enfants (non marié)
Die eingetragene Lebenspartnerschaft	le partenariat civil homosexuel
Die Ehe / das Ehepaar (e)	le mariage / le couple marié
Der Lebenspartner (-)	le compagnon, concubin, partenaire
Der Ehemann (¨er) / die Ehefrau (en)	l'époux / l'épouse
Der Verlobte (n) / die Verlobte (n)	le fiancé / la fiancée
Geschieden / getrennt	divorcé / séparé
Der Single (s) = der / die Ledige (n)	le célibataire, la célibataire
Die Adoption / das Adoptivkind (er)	l'adoption / l'enfant adopté

TOP CHRONO
C'est l'interro !

1. Indique l'équivalent féminin ou masculin suivant le cas. [5 pts] *5 mn*

a. *Die Mutter* *Der* ....

b. *Der Partner* *Die* ....

c. *Die Enkelin* *Der* ....

d. *Die Verlobte* *Der* ....

e. *Die Tante* *Der* ....

f. *Der Vetter* *Die* ....

g. *Der Stiefvater* *Die* ....

h. *Die Nichte* *Der* ....

i. *Die Ehefrau* *Der* ....

j. *Der Sohn* *Die* ....

2. À quels types de famille renvoient les définitions suivantes ? [5 pts] *3 mn*

a. *Dieses Paar kann keine Kinder haben, deswegen adoptiert es sie.*

....

b. *Mann und Frau leben nicht verheiratet und ohne Kinder zusammen.*

....

c. *In dieser Familie gibt es einen Vater mit Kindern.*

....

d. *Zwei Männer leben ohne Kinder zusammen.*

....

e. *Eine Familie mit 2 Kindern, wo Vater und Mutter arbeiten.*

....

SCORE

...... pts

2

ÉDUCATION

Je révise

Das abwechselnde Sorgerecht	le droit de garde alterné
Das Besuchsrecht / unterbringen	le droit de visite / héberger
Das Fest (e), die Party / feiern	la fête / fêter
Das Geschwister	la fratrie, les frères et sœurs
Der Geburtstag (e) / der Namenstag	l'anniversaire / la fête (son prénom)
Der Besuch (e) / empfangen	la visite / recevoir, accueillir
Der Haushalt (e)	le foyer
Der Stammbaum (¨e) / die Herkunft	l'arbre généalogique / l'origine
Der Verwandte (n), der Angehörige (n)	le parent, le parent proche, le proche
Der Vorfahr (en) / der Nachkomme (n)	l'ancêtre, l'ascendant/ descendant
Der Wohnsitz (e), das Domizil	le domicile
Der-die Erziehungsberechtigte (n)	le représentant legal
Die Erziehung (en)	l'éducation
Die kinderreiche Familie	la famille nombreuse
Die Sozialisation (en)	la socialisation
Die Verhaltensregeln	les règles de comportement
Die Zukunftspläne / Urlaubspläne	les projets d'avenir / de vacances
Ein Vorbild sein	être un exemple, un modèle
Erziehen, groß ziehen / aufwachsen	éduquer / grandir
Helfen / unterstützen / aufmuntern	aider/ soutenir / encourager,stimuler
Jemandem etwas bei/bringen	apprendre qch à qn
Kinder haben / eine Familie gründen	avoir des enfants / fonder une famille
Normen / Werte beibringen	Transmettre des normes / des valeurs
Pläne schmieden / das Projekt (e)	faire des projets / le projet
Rituale pflegen	entretenir des moments rituels
Sich versöhnen / sich verkrachen	se réconcilier / se brouiller
Spielen / betreuen / pflegen	jouer / avoir la garde / soigner
Streicheln / liebkosen / trösten	caresser / cajoler, câliner/consoler
Streiten / schmollen / zanken	se disputer / bouder / quereller
Unterhalt / Alimente zahlen	payer une pension alimentaire
Verantwortlich / schuldig	responsable / fautif
Versorgen / unterhalten	s'occuper de / subvenir aux besoins de qn
Verwöhnen / verziehen	gâter / rater son education
Volljährig, mündig / unmündig	majeur / mineur
Zur Welt bringen / kommen	mettre / venir au monde

TOP CHRONO
C'est l'interro !

[Chaque bonne réponse donne droit à 1 point.]

1. À quel mot correspond la définition proposée ? *3 min*

a. *Das macht das Kind ein paar Stunden lang nach einem Streit mit Mama.*

1. *betreuen* **2.** *sich verkrachen* **3.** *schmollen*

b. *Die Eltern müssen sie ihren Kindern beibringen :*

1. *den Haushalt* **2.** *die Verhaltensregeln* **3.** *die Geburtstage*

c. *In der Küche muss man es tun, damit die Kinder wissen, was zu machen ist :*

1. *Pläne schmieden* **2.** *Rituale pflegen* **3.** *Party feiern*

2. Relie les mots allemands avec leur traduction respective. *3 min*

Sich versöhnen •	• Se câliner
Sich streicheln •	• se disputer
Sich liebkosen •	• Se brouiller
Sich streiten •	• Se réconcilier
Sich besuchen •	• se caresser
Sich verkrachen •	• Se rendre visite

3. Quel mot est un intrus dans la liste ? *1 min*

a. *verwöhnen*	*beibringen*	*verziehen*
b. *zanken*	*streiten*	*liebkosen*
c. *geboren sein*	*zur Welt kommen*	*zur Welt bringen*

SCORE

...... pts

3

QUESTION FÉMININE

Je révise

alleinerziehend / betreuen	monoparental / avoir à charge
Das Dekolleté / die Dessous	le décolleté / la lingerie féminine
Das Kopftuch (¨er) / der Niqab (s)	le voile (hijab) / le niqab
das Make-up / das Outfit	le maquillage / la tenue, le look
Der Busen (-) / der Busenhalter (-)	le sein / le soutien-gorge
Die Schwangerschaft / Mutterklinik	la grossesse / la maternité
Der Frauenarzt (¨e)	le gynécologue
Der Mutterschutz / die Elternzeit	congé de maternité / congé parental
Der Schwangerschaftsabbruch (¨e)	l'interruption de grossesse
Der Selbstverteidigungskurs	le cours d'autodéfense
Die Beautyprodukte	les produits de beauté
Die berufliche Chancengleichheit	l'égalité des chances sur le marché du travail
Die beste Freundin	la meilleure amie
Die Doppelbelastung (en)	double charge de travail (famille,travail)
Die Entbindung (en) / austragen	l'accouchement / porter à terme
Abtreiben / schwanger sein	avorter / être enceinte
Die Frau (en) /die Jugendliche (n)	la femme / l'adolescente
Die Gleichberechtigung (en)	l'égalité de droits
Die Pille danach / das Kondom (e)	la pilule du lendemain / le préservatif
Die sexuelle Belästigung (en)	le harcèlement sexuel (verbe : belästigen)
Die Überforderung / Anerkennung (en)	l'hypersollicitation / la reconnaissance
Die Vergewaltigung (en)	le viol
Die Verhütung (en) / Die Pille (n)	la contraception / la pilule
Die Wellness / die Schönheitsfarm	le bien-être / le centre de beauté
Modebewusst / trendig	conscient des modes / en vogue
Shoppen / sich treffen	faire du shopping / se rencontrer
Sich austauschen / chatten / simsen	échanger/ chatter / s'envoyer des SMS
Weiblich / feminin	féminin / de caractère féminin

TOP CHRONO
C'est l'interro !

1. Traduis en français.
[1 pt par mot souligné bien traduit, 1 pt pour le reste] 7 min

a. *Mit den neuen <u>Verhütungsformen</u> lebt die Frau freier und <u>selbständiger</u>.*

....

b. *Männer wollen immer mehr ihr Recht auf <u>Elternzeit</u> nehmen.*

....

c. *Die <u>Pille danach</u> kann einer Frau helfen, wenn sie ihre <u>Pille</u> vergessen hat.*

....

d. *Männermagazine interessieren sich auch für <u>Make-up</u> und Kosmetik.*

....

e. *Die <u>Doppelbelastung</u> von Familie und Arbeit bleibt aktuell im Jahre 2017.*

....

f. *Der <u>Schwangerschaftsabbruch</u> wurde in Deutschland spät akzeptiert.*

....

g. *Die Frau hat Recht auf <u>Mutterschutz</u>, wenn sie einen Beruf hat.*

....

h. *<u>Selbstverteidigungskurse</u> für Frauen sind sehr <u>trendig</u> geworden.*

....

2. Complète avec un mot adéquat. [1 pt par mot] 5 min

a. *Die .... bei der Arbeit zwischen Mann und Frau existiert immer noch nicht, auch wenn wir Fortschritte konstatieren können.*

b. *Manche deutsche Frauen wollen heute zu Hause entbinden und nicht mehr in der ....*.

c. *Zu Silvester 2015 sind hunderte von Frauen in Köln sexuell .... worden.*

SCORE
...... pts

4

MON CORPS

Je révise

Aufwärmen / strecken / beugen	échauffer / étirer / fléchir
Das Auge (n) / Die Nase (n)	l'œil / le nez
Das Gewicht / Übergewicht	poids / surpoids
Das Herz / Der Muskel (n)	le cœur / le muscle
Das Knie (-) / Der Fuß (¨e)	le genou / le pied
Das Ohr (en) / Der Mund	l'oreille / la bouche
Der Arm (e) / Das Bein (e)	le bras / la jambe
Der Bauch (¨e) / Der Unterleib	le ventre / le bas-ventre
Der Darm / Die Leber / Die Blase	l'instestin / le foie / le cœur
Der Finger (-) / Der Zeh (e)	le doigt / le doigt de pied
Der Hintern / das Geschlecht	le derrière / le sexe
Der Knöchel (-) / Die Ferse (n)	la cheville / le talon
Der Kopf (¨e) / Der Hals (¨e)	la tête / le cou
Der Nagel (¨) / Das Haar (e)	l'ongle / le cheveu, le poil
Der Zahn (¨e) / Das Zahnfleisch	la dent / la gencive
Die Hand (¨e) / Das Gelenk (e)	la main / l'articulation
Die Haut (¨e) / Das Gewebe (n)	la peau / le tissu
Die Lunge (n) / Der Magen (¨)	le poumon / l'estomac
Die Schulter (n) / Die Brust (¨e)	l'épaule / la poitrine
Die Sehne (n) / das Band (¨er)	le tendon / le ligament
Die Zunge (n) / Der Rachen (-)	la langue / la gorge
Fettleibig / übergewichtig	obèse / en surpoids
Mager / schlank /mollig	maigre / élancé, svelte /avec rondeurs
Muskulös / durchtrainiert	musclé / athlétique

TOP CHRONO
C'est l'interro !

[Chaque bonne réponse donne droit à 1 point.]

1. Inscris dans la bonne colonne. *4 min*

Kopf	*Extremitäten*	*Bauch*
....	....	....
....	....	....

1. *Hand*	**2.** *Magen*	**3.** *Fuß*
4. *Leber*	**5.** *Nase*	**6.** *Nagel*
7. *Auge*	**8.** *Zeh*	**9.** *Haar*
10. *Darm*	**11.** *Zunge*	**12.** *Finger*
13. *Knöchel*	**14.** *Blase*	**15.** *Mund*
16. *Ohr*	**17.** *Gelenk*	**18.** *Arm*

2. Associe les mots entre eux. *3 min*

a. Dentiste •	• **1.** *Lungenarzt*
b. Oto-rhino-laryngologiste •	• **2.** *Frauenarzt*
c. Dermatologue •	• **3.** *Kinderarzt*
d. Gynécologue •	• **4.** *Zahnarzt*
e. Ophtalmologue •	• **5.** *Augenarzt*
f. Pneumologue •	• **6.** *Hautarzt*
g. Pédiatre •	• **7.** *Hals-Nasen-Ohren-Arzt*

SCORE

...... *pts*

5 SENTIMENTS

Je révise

Anlügen / sich rächen / vorwerfen	mentir / se venger / reprocher
bedauern / sich schämen / enttäuschen	regrettrer / avoir honte / decevoir
Beklommen / extravertiert	oppressé, anxieux / extraverti
Das Gefühl (e) / die Empfindung (en)	le sentiment / la sensation, l'émotion
Die Ahnung (en) / die Stimmung (en)	le pressentiment / l'état d'âme, l'humeur
Die Aufregung (en) / die Ruhe (n)	l'énervement / le calme
Die Begeisterung / Leidenschaft (en)	l'enthousiasme / la passion
Die Bewunderung (en) / die Angst(¨e)	l'admiration / la peur, l'angoisse
Die Freundschaft / Zärtlichkeit (en)	l'amitié / la tendresse
Die Laune (n) / die Freude (n)	l'humeur / la joie
Die Liebe (n) / der Hass	l'amour / la haine
Die Scham / die Schande (n)	la honte / la honte, le déshonneur
Die Traurigkeit (en) / die Unruhe (n)	la tristesse / l'inquiétude
Ertragen / sich ärgern / fürchten	supporter / s'agacer / craindre
feige / ängstlich / dreist / frech	lâche / peureux / hardi / effronté
Fühlen / empfinden	sentir, ressentir / ressentir, éprouver
Gefühllos / empfindlich / gleichgültig	insensible / sensible / indifférent
Gestresst / nervös / verärgert	stressé / nerveux / contrarié
Großzügig / verschlossen / offen	généreux / renfermé / ouvert
Kontaktfreudig / kontaktscheu	de contact facile / farouche
Sich freuen / mögen / lieben / hassen	se réjouir / aimer / aimer / haïr
sich opfern / sich verlassen	se dévouer, se sacrifier / se fier
Sich versöhnen / beneiden	se réconcilier / envier
Spüren / verspüren	sentir / ressentir
Stolz / überheblich / eifersüchtig	fier / arrogant / jaloux
traurig / glücklich / besorgt	triste / heureux / soucieux
Trösten / betrügen / beleidigen	consoler / tromper / vexer, froisser
Zornig / wütend / empört	fâché / furieux / révolté
Zurückhaltend /schüchtern	réservé / timide

TOP CHRONO
C'est l'interro !

[Chaque bonne réponse donne droit à 1 point.]

1. Complète par le mot qui correspond le mieux à la définition. *5 min*

a. *Eine Person, die Arroganz zeigt, ist* ....

b. *Eine Person, die rot wird, ist* ....

c. *Ein Mensch, der böse schreit, ist* ....

d. *Eine Person, die über einen Skandal revoltiert ist, ist* ....

e. *Ein Mensch, der gern Kontakt mit anderen hat, ist* ....

f. *Ein Mensch, der Angst hat, etwas zu machen, kann* .... *sein.*

g. *Jemand, der keine Emotionen zeigt, ist* ....

h. *Jemand, der Angst hat, dass dir etwas passiert, ist* ....

2. Quel substantif correspond au verbe respectif ? *4 min*

Substantifs	Verbes	Substantifs	Verbes
a.	*sich rächen*	**e.**	*bewundern*
b.	*hassen*	**f.**	*fühlen*
c.	*stressieren*	**g.**	*sich aufregen*
d.	*empfinden*	**h.**	*beleidigen*

3. Quel est l'intrus dans la liste ? *2 min*

a. *zornig • wütend • böse • überheblich*

b. *sich rächen • ich opfern • sich versöhnen • sich verlassen*

c. *die Scham • die Leidenschaft • die Schande • die Infamie*

d. *betrügen • empfinden • fühlen • verspüren*

e. *die Empfindung • die Stimmung • das Gefühl • die Laune*

SCORE

...... *pts*

6

SANTÉ

Je révise

Auftragen / einsprühen / einträufeln	appliquer en massant / au spray / par gouttes
Behandeln / vorbeugen / heilen	traiter / prévenir / guérir
Das Fieber (-) / die Grippe (n)	la fièvre / la grippe
Das Krankenhaus / das Rote Kreuz	l'hôpital / la Croix-Rouge
Der Arzt (¨e) / Der Psychiater (-)	le médecin / le psychiatre
Der Durchfall / die Verstopfung	la diarrhée / la constipation
Der Herzinfarkt (e) / Schlaganfall (¨e)	l'infarctus / l'attaque cérébrale
Der Husten / der Schnupfen	la toux / le rhume
Der Krankenpfleger / betreuen	l'infirmier / soigner, avoir la garde
Der Schmerz / (sich) fühlen	la douleur / (se) sentir, ressentir
Der seelische Zustand	l'état psychique
Der Virus (ren) / die Bakterie (n)	le virus / la bactérie
Die Allergie / das Asthma	l'allergie / l'asthme
Die Apotheke / das Medikament	la pharmacie / le médicament
Die Entzündung (en) / Ansteckung	l'inflammation / la contamination
Die Impfung / impfen / immun	le vaccin / vacciner / immunisé
Die Lebensmittelvergiftung (en)	l'intoxication alimentaire
Die Magendarmverstimmung	la gastroentérite
Die Rekonvaleszenz / das Burn-Out	la convalescence / le surmenage
die Verbrennung / die Verstauchung	la brûlure / l'entorse
Die Verletzung (en) / der Bruch (¨e)	la blessure / la fracture
Erbrechen / sich erkälten / Ausruhen	vomir / prendre froid / se reposer
Gesund / krank / fit / erschöpft	sain / malade / en forme / éreinté
Kopf- / Bauch- / Halsschmerzen ...	Maux de tête / ventre / gorge ...
Ohnmächtig werden / bewusstlos	perdre connaissance / inconscient
Psychisch / körperlich / geistig	psychique / corporel / spirituel
sich erholen / sich verschlechtern	se rétablir / s'agraver
Verbinden / einnehmen / einreiben	panser / avaler, prendre / frictionner
wohl / unwohl / schlecht	bien / indisposé / mal

TOP CHRONO
C'est l'interro !

1. Pour quelle pathologie utilises-tu les remèdes suivants ? [1 pt] *3 min*

a. *Aspirin für* ⇨ ....
b. *Das Nasenspray für* ⇨ ....
c. *Antibiotikum für* ⇨ ....
d. *Ventolin-Inhalator für* ⇨ ....

2. Traduis en allemand. [2 pts] *3 min*

a. *Je ne me sens pas bien. Je vais perdre connaissance.*

....

b. *Il a envie de vomir. Il a peut-être une intoxication alimentaire.*

....

3. Quelle pathologie n'est pas associée à l'appareil digestif ? [1 pt] *1 min*

a. *Verstopfung* • **b.** *Schlaganfall* • **c.** *Durchfall* • **d.** *Magendarmverstimmung*

4. Décompose ces mots composés et donne leur sens global indépendamment du mot scientifique correct. [1 pt chacun] *5 min*

a. *Fieberkomplikationen* • **b.** *Die Schlaganfallrekonvaleszenz* • **c.** *die Ohrentzündung* • **d.** *der Beinbruch* • **e.** *Der Grippenimpfung* • **f.** *der Herzinfarktlpatient*

a. ....

b. ....

c. ....

d. ....

SCORE

...... pts

7 TEMPS LIBRE

Je révise

An einer Konsole spielen	jouer à la console
Das Gesellschaftsspiel (e)	le jeu de société
Das Kino (s) / das Theater / die Oper (n)	le cinéma / le théâtre / l'opéra
Der Einkaufsbummel (-) / shoppen	la balade shopping / faire du shopping
Das Sachbuch / das Kinderbuch	l'ouvrage spécialisé / le livre pour enfants
Das Schwimmbad (¨er) / der Spa (s)	la piscine / le centre d'hydrothérapie
Die Bar (s)/die Kneipe (n) / das Café (s)	le bar / le bistrot / le café (salon de thé)
Das Fitnessstudio / Tanzstudio (s)	salle de gym, centre fitness / salle de danse
Die Freizeit (en) / der Spaß (sg)	le temps libre, loisirs / le plaisir, l'amusement
Die Entspannung / die Vergnügung	la détente / le plaisir, la distraction
Der Freizeitpark / die Attraktionen	le parc de loisirs / l'attraction
Die Zeitschrift (en) / das Magazin (e)	l'illustré, le magazine / le magazine
Die Zeitung (en) / die Nachrichten	le journal (papier) / les informations
Ein Videospiel / am PC spielen	jouer à un jeu vidéo / sur l'ordinateur
Einen Drink ausgehen	aller boire un verre
Freunde einladen / einkehren	inviter des amis / manger dans un local
Im Liegestuhl liegen / faulenzen	s'allonger dans un transat / ne rien faire
Karten spielen / Schach spielen	jouer aux cartes / aux échecs
Kochen / Rezepte ausprobieren	faire la cuisine / essayer des recettes
Lesen / das Buch (¨er) / e-Book (s)	lire / un livre / un e-book
Malen / singen / tanzen / fotografieren	peindre / chanter / danser / photographier
Mandalas malen / nach Zahlen malen	dessiner des mandalas / d'après les chiffres
Ein Blog, eine Facebook-Seite pflegen	gérer un blog, une page Facebook
Musik hören / Serien anschauen	écouter de la musique / régarder des séries
Chillen / chatten / ausgehen	se détendre / chatter / sortir
Nachrichten versenden	envoyer des messages
Rad fahren / Roller / Schi fahren	faire du vélo / de la trottinette / du ski
Spazieren gehen / reiten	se ballader / faire du cheval
Der Garten / die Terrasse / der Balkon	le jardin / la terrasse / le balcon
Stricken / häkeln / nähen	tricoter / crocheter / coudre

TOP CHRONO
C'est l'interro !

1. Complète avec le mot adéquat. [1 pt chacun] — *3 min*

a. *Jeden Freitagabend mögen meine Freunde und ich einen Drink* ....

b. *Mit diesem Blog kann ich Rezepte* ....

c. *Pro Tag* .... *ich 120 Nachrichten an meine Freunde.*

d. *Ich lerne Tango und Samba im* ....

e. *Kinder mögen heute weniger mit Farbstiften* .... *als mit Tablets zu spielen.*

f. *Anita und Barbara wollen die ganze Serie Vampire Diaries* ....

2. Fais des phrases avec les éléments suivants. [2 pts] — *5 min*

a. *Im Winter • ich • Schi • in Österreich • mag • fahren • .*

....

b. *spiele • jeden Abend • am PC • ich • mit meinem Freund • .*

....

c. *Im Liegestuhl • zu • mein Vater • ab • liegt • schalten • um • . • ,*

....

3. Quel est l'intrus de la liste ? [1 pt par mot] — *2 min*

a. *chillen • faulenzen • im Liegestuhl liegen • chatten*

b. *Nachrichten • SMS • Informationen • Videospiel*

c. *Schwimmbad • Karten • Schach • PC-Spiel*

SCORE

...... pts

8 SPORT

Je révise

Basketball / Wasserball / Badminton	le basket / le water-polo / Badminton
Das Autorennen / das Radrennen	la course automobile / course cycliste
Das Golf / der Golfschläger (-)	le golf / le club de golf
Das Spiel (e) / das Match (s)	le match
Das Stadion (ien) / der Sportplatz (¨e)	le stade / le terrain de sport
Das Tennis / das Tischtennis	le tennis / le tennis de table
Der Fan (s) / der Zuschauer	le supporter, le fan / le spectateur
Der Moderator (en) / moderieren	le présentateur / commenter une émission
Der Sieger (-) / der Verlierer (-)	le vainqueur / le perdant
Der Sportverein (e) / die Sporthalle (n)	le club sportif / le gymnase
Der Trainer (-) / der Bundestrainer	l'entraîneur / l'entraîneur national
Die Leichtathletik / paddeln	l'athlétisme / pagayer
Die Leistung (en) / die Ausdauer	la performance / l'endurance
Die Liga (en) / die 1. Bundesliga	la ligue / la première division
Die Mannschaft (en) / das Team (s)	l'équipe
Die Meisterschaft (en) / der Pokal (e)	le championnat / la coupe
Die olympischen Spiele	les jeux olympiques
Die Übertragung (en) / Live	la retransmission / en direct
Fußball / Handball / Volleyball	le football / le handball / le volley-ball
Kanu / Kajak fahren	faire du canoë / du kayak
Klettern / schwimmen / turnen	faire de l'escalade/ la natation / la gym
Rad fahren / Mountainbike fahren	faire du vélo / faire du VTT
Reiten / segeln / rudern	faire de l'équitation / de la voile / de l'aviron
Ringen / boxen / fechten	faire de la lutte / de la boxe / de l'escrime
Schlittschuh fahren / Schlitten fahren	faire du patin à classe / de la luge
Sich aufwärmen / sich steigern	s'échauffer / accroître ses capacités
Sich qualifizieren / ausscheiden	se qualifier / être éliminé
Skifahren / Langlauf fahren	faire du ski alpin / du ski de fond
Trainieren / der Wettkampf (¨e)	s'entraîner / la compétition
Wandern / rennen / joggen	randonner / courir / faire du jogging

TOP CHRONO
C'est l'interro !

[Chaque bonne réponse donne droit à 1 point.]

1. Entoure l'intrus dans chaque liste ? *3 min*

a. *Wasserball • Badminton • Baskettball • Handball*

b. *Kanu fahren • rudern • schwimmen • paddeln*

c. *der Wettkampf • qualifiziert sein • ausscheiden • der Moderator*

d. *Snowboard fahren • Langlauf fahren • Schlittschuh laufen*

e. *ringen • Karate machen • fechten • Judo machen*

f. *der Moderator • sich aufwärmen • das Fernsehen • das Spiel*

g. *Der Wanderer • der Jogger • der Ruderer • der Renner*

2. Associe les mots qui vont ensemble. *2 min*

a. *Eine Kampfsportart* •	• **1.** *Aikido*
b. *Ein Motorrennsport* •	• **2.** *Badminton*
c. *Eine Sportart mit einem Ball* •	• **3.** *Hockey*
d. *Eine Sportart auf dem Wasser* •	• **4.** *Formel1-Rennen*
e. *Eine Hallensportart* •	• **5.** *Kajak fahren*
f. *Eine Sportart auf Eis oder Gras* •	• **6.** *Wasserpolo*

3. Réponds à la question. *2 min*

a. *Schalke 04 hat 3:1 gegen FC Barcelona gewonnen. Welche Mannschaft ist also ausgeschieden?*

1. *Barcelona* **2.** *Schalke 04*

b. *Die Stadt hat keinen See, kein Schwimmbad und keinen Fluss. Welchen Sport kann sie nicht organisieren?*

1. *klettern* **2.** *Volleyball* **3.** *Golf* **4.** *segeln*

SCORE
...... pts

9 ESPACES PUBLICS

Je révise

Auf engem Raum zusammenleben	cohabiter dans un espace réduit
Ausgeglichen / unausgeglichen	équilibré / déséquilibré
Austauschen / sich austauschen	échanger / communiquer, échanger
Das Ergebnis (e) / die Erinnerung (en)	le résultat / le souvenir
Das Haus (¨er) / das Viertel (-)	la maison / le quartier
Das Knowhow / die Fertigkeit (en)	le savoir-faire / l'aptitude, la dextérité
Das Kulturgut (¨er) / Kunstwerk (e)	le bien culturel / l'œuvre d'art
Das Land (¨er) / der Kontinent (e)	le pays / le continent
Das Unternehmen (-) / die Firma (en)	l'entreprise / la société, la firme
Das Wissen / die Kompetenz (en)	le savoir / la compétence
Der Austausch (e) / der Dialog (e)	l'échange / le dialogue
Der Eindruck (¨e) / die Botschaft (en)	l'impression / le message (écrit, oral)
Der Gedanke (n) / die Erfahrung (en)	l'idée, la réflexion / l'expérience
Der Gefangene (n) / der Schüler (-)	le prisionnier / l'élève
Der geographische Raum	l'espace géographique
Der Raum (¨e) / der Lebensraum (¨e)	l'espace, la pièce / l'espace vital
Der Staat (en) / die Stadt (¨e)	l'état / la ville
Der Tipp (s) / die Empfehlung (en)	le tuyau, le conseil / la recommandation
Die Fachkenntnis (sse) / der Trick (s)	la connaissance spécialisée / le truc
Die Höflichkeit (en) / der Blick (e)	la politesse / le regard
Die Region (en) / das Dorf (¨er)	la région / le village
Die Vorstadt (¨e) / die Siedlung (en)	la banlieue / le lotissement
Eine Gegenleistung anbieten	donner en contrepartie
Raum beanspruchen / einnehmen	revendiquer / occuper de l'espace
Raum schaffen / sparen	créer / économiser de l'espace
Wechselseitig / einseitig / gegenseitig	dans les deux sens / unilatéral / réciproque
Wenig / viel / reichlich Raum	beaucoup / peu / suffisamment d'espace

TOP CHRONO
C'est l'interro !

[Chaque bonne réponse donne droit à 1 point.]

1. On échange des choses dans le domaine de l'émotion, du discours, du savoir ou autres. Complète le tableau. *5 min*

a. Connaissances et savoir-faire	**b.** Sentiments et émotions	**c.** Biens matériels et culturels	**d.** Personnes
....	....	....	....

1. *der Blick* • **2.** *das Bild* • **3.** *das Knowhow* • **4.** *der Eindruck* • **5.** *das Wissen* • **6.** *der Gefangene* • **7.** *der Spion* • **8.** *die Fachkenntnisse* • **9.** *die Liebe* • **10.** *der Schüler* • **11.** *die Erfahrung* • **12.** *der Eindruck* • **13.** *das Museumsstück* • **14.** *die Traurigkeit*

2. Associe l'espace à la forme d'échange correspondante. *5 min*

In einer Siedlung •	• *Diplomatische Beziehungen*
Innerhalb der Familie •	• *Teure landwitschaftliche Maschinen*
Zwischen zwei Bauernhöfen •	• *Das Personal*
Zwischen zwei Ingenieuren •	• *Nachbarn helfen*
Zwischen zwei Privathäusern •	• *Eine Partnerschaft*
Zwischen zwei Schülern online •	• *House-Sharing für die Ferien*
Zwischen zwei Staaten •	• *das Know-how im Labor*
Zwischen zwei Städten •	• *bei der Hausarbeit mitmachen*
Zwischen zwei Unternehmen •	• *Gefühle über den Tag in der Schule*

SCORE

...... pts

10

MON LIEU DE TRAVAIL

Je révise

Arbeitslos sein / berufstätig sein	être au chômage / être actif
Bedingungen erfüllen / erhöhen	remplir les conditions / augmenter
Das Personal / der Personalchef (s)	le personnel / le DRH
Der Arbeitgeber / Arbeitnehmer (-)	l'employeur / le salarié
Der Leistungsdruck / senken	l'attente excessive de résultats /baisser
Die Anpassungsfähigkeit (en)	la capacité de s'adapter
Die Begeisterung / das Burn-out	l'enthousiasme / le burn out
Die beruflichen Perspektiven	les perspectives professionnelles
Die Effizienz / die Fähigkeit (en)	l'efficacité / la capacité
Die Einkommensquelle / der Lohn (¨e)	la source de revenus / le salaire
Die Globalisierung / die Wirtschaft	la mondialisation / l'économie
Die Mobilität (en) / der Einsatz (¨e)	la mobilité / l'intervention
Die Wechselbeziehung (en)	le rapport réciproque, l'interaction
Diskriminieren / mobben	discriminer / harceler
Entwickeln / erarbeiten / ausdenken	développer / réaliser / concevoir
Gute Berufschancen	bonnes oppportunités professionnelles
In Kontakt / in Verbindung stehen	être en contact / en affaire avec qn
Lebenserfahrungen machen	faire des expériences marquantes
Leistungsorientiert / leistungsfähig	basé sur les résultats / performant
Mitarbeiten / der Mitarbeiter (-)	collaborer / le collaborateur, salarié
Teamfähig sein / die Teamfähigkeit	aptitude à travailler en équipe
Zusammenarbeiten / beruflich	l'intercoopération / professionnel
Zusammenwirken / kooperieren	interagir / coopérer
Anstellen / entlassen / feuern	embaucher, employer / licencier/virer

TOP CHRONO
C'est l'interro !

[Chaque bonne réponse donne droit à 1 point.]

1. Fabrique le mot composé avec « *-fähig* » en fonction de la définition. *3 min*

a. *Er kollaboriert mit allen Mitarbeitern; er ist* .... *fähig.*

b. *Er wird nicht schnell müde und hat gute Resultate; er ist* .... *fähig.*

c. *Er hat keine Angst vor der Kommunikation; er ist* .... *fähig.*

d. *Sie hat kein Problem mit der Integration; sie ist* .... *fähig.*

2. Entoure le verbe qui convient le mieux au substantif. *3 min*

a. *den Lohn (zusammenarbeiten / erhöhen / einsetzen)*

b. *die Sekretärin (entwickeln / mobben / erfüllen)*

c. *den Mitarbeiter (entlassen / zusammenwirken / senken)*

d. *die Produkte (senken / ausdenken / erhöhen)*

3. Trouve le substantif à partir de l'adjectif ou du verbe. *4 min*

a. *effizient* ⇨ .... **b.** *begeistern* ⇨ ....

c. *leistungsfähig* ⇨ .... **d.** *mobil* ⇨ ....

e. *kooperieren* ⇨ .... **f.** *einsetzen* ⇨ ....

4. Entoure la bonne réponse. *2 min*

a. *Er muss jede Woche zu der Agentur für Arbeit gehen.*
Ist er ein Arbeitgeber oder ein Arbeitsloser?

b. *Er kann Personal anstellen oder entlassen.*
Ist er ein Arbeitnehmer, ein Mitarbeiter oder ein Arbeitgeber?

SCORE
...... pts

11 ÉTATS ET NATIONALITÉS

Je révise

… Staatsangehörige (r) werden	devenir citoyen…
Beantragen / einbürgern	déposer une demande / naturaliser
Das Bodenrecht / das Blutrecht	le droit du sol / le droit du sang
Das Bundesland (¨er) / der Kanton (e)	l'état fédéré (D, A) / le canton (CH)
Das Inland / das Ausland	le territoire national / le pays étranger
Der Asylsuchende / der Flüchtling (e)	le demandeur d'asile / le réfugié
Der Einheimische (n) / der Fremde (n)	l'autochtone / l'étranger, l'inconnu
Der Einwohner (-) / das Volk (¨er)	l'habitant / le peuple
Der Inländer / der Ausländer	le résident du pays / l'étranger
Der Staat (en) / die Heimat	l'état / la patrie
Der/die Russlanddeutsche (n)	le Russe de souche allemande
Der/die Volksdeutsche (n)	de culture, mais pas de nationalité allemande
Deutschland / Österreich / Belgien	l'Allemagne / l'Autriche / la Belgique
Die Aufenthaltserlaubnis (sse)	le permis de séjour
Die Behörde (n) / das Amt (¨er)	l'autorité publique / l'office
Die deutschsprachige Gemeinschaft	la communauté germanophone (Belgique)
Die Schweiz / Liechtenstein	la Suisse / le Liechtenstein
Die Staatsangehörigkeit (en)	la nationalité (aussi die Nationalität)
Die Staatsbürgerschaft (en)	la nationalité, la citoyenneté
Einen Antrag stellen, einreichen	faire, faire parvenir une demande
Einverleiben / integrieren	assimiler / intégrer
Erlangen / verleihen / erteilen	obtenir / attribuer / accorder
Kraft Geburt / durch Abstammung	par la naissance / par filiation
Mit Migrationshintergrund	issu de l'immigration
offiziell / national / international	officiel / national / international
Der Bund (¨e) / der Staatsbürger (-)	la fédération / le citoyen
Wohnhaft sein / sich aufhalten	être domicilié / séjourner

TOP CHRONO
C'est l'interro !

1. Quelle est la réponse à la définition ? [1 pt] *4 min*

a. *Ein Ausländer braucht dieses offizielle Papier, um in Deutschland zu leben.*

b. *Er ist in Deutschland geboren, aber seine Eltern sind beide Ausländer.*

c. *So heißt eine Person deutscher Kultur in einem anderen Land wie Russland.*

d. *So heißt eine Person, die in einem Land geboren oder wohnhaft ist.*

e. *Das ist das Gegenteil von dem Ausländer.*

f. *Föderation aller Kantone der Schweiz, aller Bundesländer Österreichs oder Deutschlands.*

g. *So sagt man für das Prinzip der Nationalität, für alle Personen, die im Land geboren sind.*

1. *das Bodenrecht* • **2.** *Der Volksdeutsche* • **3.** *Der Einheimische* • **4.** *Der Bund* • **5.** *der Inländer* • **6.** *Die Aufenthaltserlaubnis* • **7.** *Deutscher mit Migrationshintergrund*

a. .... • **b.** .... • **c.** .... • **d.** .... • **e.** .... • **f.** .... • **g.** ....

2. Traduis en allemand [3 pts chaque phrase] *5 min*

a. Barbara est citoyenne anglaise, mais elle séjourne 3 mois par an en France.

....

b. Je suis Allemand par la naissance et Belge par filiation.

....

c. Le demandeur d'asile peut déposer une demande de naturalisation.

....

SCORE

...... *pts*

12 MIGRATION ET INTÉGRATION

Je révise

Assimilieren / aufnehmen	assimiler / accueillir
Das Auslandsjahr (e)	l'année à l'étranger
Das ethnische Viertel / das Ghetto (s)	le quartier ethnique / le ghetto
Das Vorurteil (e) / das Klischee (s)	le préjugé / le cliché
Der Agent (en) / der Schleuser (-)	l'agent recruteur / le passeur
Der Auslandsaufenthalt (e)	le séjour à l'étranger
Der Einwanderer / Auswanderer (-)	l'immigrant / l'émigrant
Der Migrant (en) / der Zuwanderer (-)	le migrant / l'immigrant
Der Punkt ohne Wiederkehr	le point de non-retour
Die Kettenwanderung (en)	la migration en chaîne (par parenté...)
Die Siedlung (en) / die Pfarrgemeinde	la colonie / la paroisse
Einheimisch / das Heimweh	autochtone / le mal du pays
Einwandern / auswandern	immigrer / émigrer
Neugierig / wissbegierig / aufgeweckt	curieux / avide de savoir / éveillé
Prekär / ärmlich / mühsam	précaire / pauvre, miséreux / pénible
Sein Glück versuchen /entdecken	tenter sa chance / découvrir
Seine Heimat verlassen	quitter son pays natal
Sich anpassen / sich ausdehnen	s'adapter / se répandre
Sich einleben / sich integrieren	s'intégrer
Sich niederlassen / sich aufhalten	s'installer, s'établir / séjourner
Sich verändern / Sich verbessern	changer / s'améliorer
Sich vermischen / untergehen	se mélanger / se fondre dans
Sich verständigen / verständlich	se faire comprendre / compréhensible
Stammen / deutschstämmig	être originaire de / de souche allemande
Zurückkehren / die Remigration	revenir / la migration de retour

TOP CHRONO
C'est l'interro !

1. Quelle description correspond le mieux au mot proposé ? [2 pts] *5 min*

Mot n° 1 : *wissbegierig*

a. *Er will alles über die Nachbarn wissen.* ☐

b. *Er möchte jeden Tag etwas Neues lernen.* ☐

c. *Er weiß, dass er viel Wissen hat.* ☐

Mot n° 2 : *die Remigration*

a. *Es bedeutet „in sein Heimatland zurückkehren".* ☐

b. *Es bedeutet „Noch einmal emigrieren"* ☐

c. *Es bedeutet „in ein zweites Land auswandern".* ☐

Mot n° 3 : *der Einwanderer*

a. *Er ist ein Mensch, der illegal in anderes Land kommt.* ☐

b. *Er ist ein Mensch, der sein Land verlässt.* ☐

c. *Er ist ein Mensch, der in ein anderes Land kommt.* ☐

2. Associe les mots qui expriment des idées très proches dans le processus d'intégration ou de migration [1 pt] ***4 min***

a. *sich anpassen* • **b.** *sich einleben* • **c.** *sich aufhalten* • **d.** *sich verständigen* • **e.** *sich vermischen* • **f.** *der Agent* • **g.** *die Siedlung* • **h.** *der Zuwanderer*

1. *der Schleuser* • **2.** *sich adaptieren* • **3.** *wohnen* • **4.** *der Migrant* • **5.** *sich integrieren* • **6.** *sich verstehen* • **7.** *das Dorf* • **8.** *untergehen*

a. .... • **b.** .... • **c.** .... • **d.** .... • **e.** .... • **f.** .... • **g.** .... • **h.** ....

SCORE

...... pts

13 RAISONS DE L'ÉMIGRATION

Je révise

Das Praktikum (ka) / absolvieren	le stage / accomplir
Der Forscheraustausch (e)	l'échange de chercheurs
Der Freundschaftsvertrag (¨e)	le traité d'amitié et de coopération
Der Grund (¨e) der Auswanderung	la raison, le motif de l'émigration
Der Handelsvertrag (¨e)	le traité d'échanges commerciaux
Der niedrige Lohn (¨e) / die Armut	le bas salaire / la pauvreté
Der Traum von billigem Siedlungsland	le rêve de terres à bas prix
Die Hoffnung auf mehr Demokratie	l'espoir de voir davantage de démocratie
Die Abenteuerlust / die Laune (n)	la soif d'aventure / la lubie
Die Ausbildung (en) / der Ausbilder (-)	la formation / le formateur
Die Austauschmöglichkeit (en)	l'opportunité d'échanger
Die beratende Funktion (en)	la fonction de conseil
Die Entdeckung neuer Techniken	la découverte de nouvelles techniques
Die Gründung (en) / der Gründer (-)	la création, fondation / le fondateur
Die Hungersnot (¨e) / die Landflucht	la famine / l'exode rural
Die industrielle Revolution	la révolution industrielle
Die Meinungsfreiheit (en)	la liberté d'expression
Die Religionsfreiheit / Verfolgung (en)	la liberté de culte / la persécution
Die Überbevölkerung / kinderreich	la surpopulation / (famille) nombreuse
Eine Spur (en) hinterlassen	laisser une trace
Politisch / wirtschaftlich / persönlich	politique / économique / personnel
Religiös / kulturell / beruflich	religieux / culturel / professionnel
Sich verdingen / finanziell abhängig	se louer / dépendant financièrement
Zu Hungerslöhnen beschäftigt sein	être employé pour un salaire de misère

TOP CHRONO
C'est l'interro !

[Chaque bonne réponse donne droit à 1 point.]

1. Entoure la bonne traduction.

4 min

a. *Der Freundschaftsvertrag*	**1.** *Traité d'amitié*	**2.** *Traité commercial*
b. *Nach Spuren suchen*	**1.** *Chercher des traces*	**2.** *Laisser des traces*
c. *Die Verfolgung*	**1.** *La persécution*	**2.** *La suite*
d. *Der Grund*	**1.** *Le motif*	**2.** *La lubie*
e. *Die Gründung*	**1.** *La colonie*	**2.** *La fondation*
f. *Die Landflucht*	**1.** *L'agriculure*	**2.** *L'exode rural*
g. *Der Forscher*	**1.** *Le conseiller*	**2.** *Le chercheur*

2. À quelle catégorie appartient chaque motif de migration provisoire ou définitive cité ?

1. *Wirtschaftlicher Grund*	**2.** *Religiöser Grund*	**3.** *Politischer Grund*	**4.** *Karriere und Studium*
....	....	....	....

a. *Ich hungere jeden Tag.*

b. *Ich habe gehört, dass man in Amerika bessere Löhne bekommt.*

c. *Ich bin Forscher in Astrophysik und will bessere Forschungsbedingungen.*

d. *Ich bin in einer Sekte und deswegen in meinem Land diskriminiert.*

e. *Ich bin Student und meine Hochschule will, dass ich meine Mobilität zeige.*

f. *Ich bin Christ im islamischen Syrien und habe Angst vor Repression.*

g. *In meinem Land darf man nicht seine Meinung offen sagen.*

h. *Ich möchte ein Startup-Unternehmen im Silicon-Valley gründen.*

i. *Ich lebte in der Nazidiktatur und wollte mehr Freiheiten.*

j. *Ich will einfach reich werden.*

SCORE

...... *pts*

14 ÉCHANGES ET INFLUENCES

Je révise

Beeinflussen / entdecken lassen	influencer / faire découvrir
Das globale Kommunikationssystem	le système de communication global
Das Gründerzentrum (ren)	la pépinière, l'incubateur d'entreprises
Das Networking (s)	le travail en réseau (affaires)
Das soziale Netzwerk (e)	le réseau social
Datenbanken bereitstellen	fournir des banques de données
Der Braindrain (s) / das Jobsharing	la fuite des cerveaux / partage de postes
Der Diskussionsabend (e)	la soirée-débat
Der Einflussbereich (e)	le domaine d'influence
Der interkulturelle Dialog (e)	le dialogue interculturel
Der Vortrag (¨e) / die Konferenz (en)	la conférence, le discours / la conférence
Die Armee (n) / die Architektur (en)	l'armée / l'architecture
Die kollaborative Plattform (en)	la plateforme collaborative
Die Kräftebündelung (en) / bündeln	la mutualisation / rassembler, réunir
Die Luftfahrt / der Handel / die Kunst	l'aéronautique / le commerce / l'art
Die Naturwissenschaften / der Film	les sciences exactes / le cinéma
Die Sozialwissenschaften / der Sport	les sciences sociales / le sport
Die Technologie / die Literatur	la technologie / la littérature
Die Videokonferenz (en)	la vidéoconférence
Die Weltkonferenz (en)	la conférence mondiale
Eine Kompetenz exportieren	exporter une compétence
Einen Beitrag (¨e) leisten	apporter sa contribution
Ressourcen gemeinsam teilen	partager ensemble les ressources
Zu etwas beitragen / mitmachen	contribuer à / participer

TOP CHRONO
C'est l'interro !

[Chaque bonne réponse donne droit à 1 point.]

1. Donne le mot qui correspond à la définition. *4 min*

a. *Eine internationale Konferenz.* ....

b. *Alle Intellektuellen machen Karriere im Ausland.* ....

c. *Eine Organisation, um Unternehmern zu helfen.* ....

d. *Ein Synonym von Vortrag.* ....

e. *Eine Diskussion zwischen Paris und Sydney.* ....

2. Donne la réponse correcte en barrant la fausse. *5 min*

a. *Physik gehört zu den (Naturwissenschaften / Sozialwissenschaften).*

b. *Der Handel beschäftigt sich mit (Briefen / Kommunikation / Produkten).*

c. *Der Braindrain ist ein Handicap für das (Heimatland / Gastland).*

d. *Die Literatur ist eine (Sozialwissenschaft / Geisteswissenschaft).*

e. *Das Networking ist ein (soziales Netzwerk / ein Team von Interessenten).*

f. *Mit dem Jobsharing teilt man (sein Know-how / seinen Arbeitsplatz).*

g. *Das Gründerzentrum hilft den (Arbeitgebern / Arbeitnehmern)*

3. Traduis les expressions en français. ***3 min***

a. *Einen großen Beitrag leisten :* ....

b. *Zu dem Erfolg der Firma beitragen :* ....

c. *Eine Datenbank bereitstellen :* ....

d. *Kräfte in der Firma bündeln :* ....

SCORE

...... pts

15 ÉCHANGES ET PROGRÈS

Je révise

Das Abendland / die neue Welt	le vieux continent / le nouveau monde
Das Ausstellung (en) / das Exponat (e)	l'exposition / l'objet exposé
Das Gewürz (e) / der Edelstein (e)	l'épice / la pierre précieuse
Das Gold / das Silber / der Bernstein	l'or / l'argent / l'ambre jaune
Das Schiff (e) / die Karawane (n)	le navire / la caravane (commerce)
Das Zeitalter der Entdeckungsreisen	l'ère des grandes découvertes
Der Handelsvertrag (¨e) / die Hanse	le traité commercial / la Hanse
Der Humanismus (men) / der Barock	l'humanisme / le baroque
Der Landweg (e) / der Seeweg (e)	la voie terrestre / maritime
Der Programmierer / Endbenutzer (-)	le programmeur / l'utlisateur (PC)
Die arabische Welt / der Orient	le monde arabe / l'orient
Die Dependance (n) eines Museums	l'annexe, la filiale d'un musée (ailleurs)
Die Freeware (s) / die Shareware (s)	le gratuiciel / le partagiciel
Die Greencard (s) / die Verlosung (en)	le titre de séjour (USA) / le tirage au sort
Die kostenlose App (s)	l'application gratuite
Die Ostindien-Kompanie (n)	la compagnie des Indes
Die Portolankarte (n) / der Buchdruck	le portulan / l'imprimerie
Die Romanik / Gotik / Renaissance	l'art roman / gothique / Renaissance
Die Seidenstraße / die Salzstraße	la route de la soie / la route du sel
Die Wallfahrt (en) / der Jakobsweg	le pélerinage / le chemin de Compostelle
Die Zahl (en) / der Kompass (e)	le chiffre / la boussole
Ein Kunstwerk leihweise überlassen	donner une œuvre d'art à titre de prêt

TOP CHRONO
C'est l'interro !

[Chaque bonne réponse donne droit à 1 point.]

1. Retrouve l'espace géographique, géopolitique ou numérique concerné grâce à la description de l'échange qui s'y est réalisé. *4 min*

a. *Der Programmierer kann durch dieses Programm wissen, ob es gut ist oder der Endbenutzer noch andere Funktionen braucht.*

b. *Es war früher ein anderes Wort für Amerika.*

c. *Mit dieser Organisation importierten Engländer Tee und Kaffee.*

d. *Mit diesem Trick kann ich einen Menschen in meiner Stadt finden, der eine kleine Reparatur für mich für 40 € machen kann.*

e. *Durch diese Kollaboration konnten sich die Schiffe gegen Piraten schützen.*

1. *die Neue Welt* • **2.** *die App* • **3.** *die Shareware* • **4.** *die Ost-Indien-Kompanie* • **5.** *die Hanse*

a. .... • **b.** .... • **c.** .... • **d.** .... • **e.** ....

2. Entoure la réponse qui convient. *3 min*

a. *Das British Museum darf .... ein Bild von Monet ausstellen.*

1. *permanent* **2.** *leihweise* **3.** *provisorisch*

b. *Der Orient hat mit Marco Polo viel mit .... ausgetauscht.*

1. *dem Abendland* **2.** *dem Kaiserreich* **3.** *der europäischen Union*

c. *Der Jakosweg ist bis heute die bekannteste .... In Europa.*

1. *Seidenstraße* **2.** *Wallfahrt* **3.** *Portolankarte*

SCORE

...... pts

16 LÉGENDES ET CROYANCES

Je révise

Besiegen / schlagen / bekämpfen	vaincre / battre / combattre, lutter
Betrügen / verraten / belügen	tromper, duper / trahir / mentir
Das Abenteuer / das Happy-end	l'aventure / le happy end
Das Geheimnis (sse) / aufdecken	le secret / dévoiler, découvrir
Das Jahrhundert (e) / das Zeitalter (-)	le siècle / l'âge, l'ère
Das Mittelalter / die Antike	le Moyen Âge / l'Antiquité
Der Drache (n) / der Elf (en)	le dragon / l'elfe
Der Gott (¨er) / Der Halbgott (¨er)	le dieu, la divinité / le demi-dieu
Der Held (en) / das Heldenepos (pen)	le héros / l'épopée, récit héroïque
Der Schwachpunkt (e) / der Ruf	le point faible / la réputation
Der Zauberer (-) / die Zauberei (en)	le magicien / la magie (aussi *die Magie*)
Der Zaubertrank (¨e) / Zauber...	la potion magique / ...magique
Der Zwerg (e) / der Riese (n)	le nain, lutin / le géant
Die Achillesferse / die Eigenschaft(en)	le talon d'Achille / la propriété, nature
Die Heldentat (en) / die Fähigkeit (en)	l'acte héroïque / la capacité, l'aptitude
Die Romantik / die Nazizeit	le romantisme / la période nazie
Die Sage (n) / der Mythos (then)	la légende, saga / le mythe
Die Schwäche (n) / die Stärke (n)	la faiblesse / la force, le point fort
Die Unterwelt (en) / die Götterwelt	le monde d'en bas / le monde des dieux
Germanisch / nordisch / keltisch	germanique / nordique / celtique
Griechisch / römisch / orientalisch	grec / romain / oriental
Retten / sich opfern / widerstehen	sauver / se sacrifier / résister
Sich rächen / es schaffen / erobern	se venger / y arriver, réussir / envahir
Übernatürlich / außergewöhnlich	surnaturel / extraordinaire
Unbesiegbar / unverwundbar	invincible / invulnérable
Unfehlbar / unerreichbar	infaillible / inaccessible
Verzaubern / verhexen / verführen	enchanter / ensorceler / séduire

TOP CHRONO
C'est l'interro !

[Chaque bonne réponse donne droit à 1 point.]

1. Entoure la bonne réponse. *1 min*

In dieser historischen Periode war das Interesse für alte Sagen und Helden der Antike und Mythologie sehr groß. Welche ist das?

a. *die Romantik* • **b.** *die Reformation* • **c.** *Die Antike*

2. Barre l'intrus dans chaque série de mots. *3 min*

a. *Achillesferse* • *der Heldentod* • *verwundbar* • *unsterblich*

b. *der Zaubertrank* • *die Magie* • *das Opfer* • *die Übernatürlichkeit*

c. *widerstehen* • *verhexen* • *verzaubern*

d. *germanisch* • *keltisch* • *orientalisch*

3. Entoure la bonne réponse. *2 min*

a. Le mot allemand pour « faiblesse » est : *die Schwäche* • *die Stärke.*

b. Le mot français pour « *Zwerg* » est : le nain • le géant.

c. Le mot allemand pour « ensorceler » est : *verhexen* • *erobern.*

4. Donne le mot manquant. *1 min*

a. *Obelix braucht keinen* .... *trinken, aber Asterix ja!*

b. *Die Zwerge, Trolle und Gnome leben in der* ....*.*

SCORE

...... *pts*

17

MODÈLES HISTORIQUES ET MODERNES

Je révise

Anonym / der Passant (en)	anonyme / le passant
Bekannt / berühmt / unzeitgemäß	connu / célèbre / intemporel
Das Heldengedicht (e) / der Heldentod	le poème épique / la mort héroïque
Das Heldenlied (er) / die Heldenzeit	la chanson de geste / les âges héroïques
Demütig / zielstrebig / hartnäckig	humble / déterminé, ambitieux / tenace
Der Alltagsheld (en) / unauffällig	le héros quotidien / qui passe inaperçu
Der Feuerwehrmann (-leute)	le pompier
Der Soldat (en) / der Gefallene (n)	le soldat / qui est mort au combat
Der Zeitgeist / die Weltauffassung (en)	l'esprit du siècle / la vision du monde
Die Belohnung (en) / die Rache (n)	la récompense / la vengeance
Die gute Tat (en) / die Reaktion (en)	la bonne action / la réaction
Die Herrschaft (en) / die Macht (¨e)	le règne, la domination / le pouvoir
Die Lehre (n) / die Moral	l'enseignement, la leçon / la morale
Die List (en) / die Kraft (¨e)	la ruse, la feinte / la force (physique)
Die Willkür / Die Gefahr (en)	l'arbitraire / le danger
Eifersüchtig / selbstlos / hilfsbereit	jaloux / plein d'abnégation / serviable
Ein Risiko (ken) eingehen	prendre, courir un risque
Großzügig / mutig / tapfer / kühn	généreux / courageux / vaillant / téméraire
Im Rampenlicht stehen	être sous le feu des projecteurs
Menschlich / übermenschlich / unecht	humain / surhumain / pas authentique
Hinterlistig / ehrlich / edel / rein	fourbe / honnête / noble de cœur / pur
Mündlich / schriftlich / überliefert	par oral / par écrit / transmis
Sich einsetzen / eingreifen / sterben	s'engager, risquer / intervenir/ mourir
Sich verlieben / heiraten /das Idyll (e)	tomber amoureux / se marier / l'idylle
Unüberlegt / zufällig / absichtlich	sans réfléchir / forfuit / intentionnel

TOP CHRONO
C'est l'interro !

[Chaque bonne réponse donne droit à 1 point.]

1. Entoure la réponse qui convient. *5 min*

a. *Der Held hilft manchmal .... und riskiert dann sein Leben zu verlieren.*

1. *unüberlegt* **2.** *übernatürlich* **3.** *zufällig*

b. *In Videospielen sind die Helden total ....*

1. *unecht* **2.** *edel* **3.** *ehrlich*

c. *In jedem Mythos ist eine böse Frau, die auf eine andere .... ist.*

1. *hinterlistig* **2.** *eifersüchtig* **3.** *ehrlich*

d. *Die Stars stehen in der People-Presse total im ....*

1. *Film* **2.** *Rampenlicht* **3.** *Ruf*

e. *In den Heldengeschichten gibt es am Ende oft eine ....*

1. *Heldin* **2.** *Lehre* **3.** *List*

2. Réponds par un adjectif déduit du contexte de la phrase. *5 min*

a. *Wie findest du eine Person, die den anderen Menschen sehr gerne viel Zeit oder viel Geld schenkt?* ....

b. *Wie findest du einen Helden, der egal in welcher Zeit, in welcher Mode oder in welchem Jahrhundert immer sehr beliebt ist?* ....

c. *Wie findest du eine Person, die glaubt, dass eine andere Person es immer besser, schöner, komfortabler und idealer hat als sie?* ....

d. *Wie findest du einen Menschen, der spontan allen hilft, egal ob es Zeit und Arbeit kostet?* ....

unzeitgemäß • großzügig • hilfsbereit • eifersüchtig

SCORE

...... pts

18 RÉCITS RÉELS OU FICTIFS

Je révise

Abschalten / sich entspannen	se changer les idées / se détendre
Anpassen / neu inszenieren	adapter / mettre en scène différemment
Aufgreifen / neu beleben / ausnutzen	s'inspirer, reprendre/redonner vie/exploiter
Beeindrucken / Beruhigen / prägen	impressionner / rassurer / marquer
Bewundern / Respekt hervorrufen	admirer / inspirer le respect
Das Gedicht (e) / das Lied (er)	le poème / le chant, la chanson
Das Theaterstück (e) / die Oper (n)	la pièce de théâtre / l'opéra
Das Videospiel (e) / der Film (e)	le jeu vidéo / le film
Das Vorbild (er) / die Figur (en)	le modèle / le personnage
Der Comic (s) / der Zeichentrickfilm	la bande dessinée / le dessin animé
Der Dichter (-) / der Komponist (en)	le poète, l'écrivain / le compositeur
Der Leser (-) / der Zuschauer (-)	le lecteur / le spectateur
Der Spieler (-) / der Zuhörer (-)	le joueur / l'auditeur
Der Videospielentwickler (-)	le développeur de jeu vidéo
Die (ständige) Überschreibung (en)	la réécriture (permanente) [d'un mythe]
Die Ballade (n) / die Geschichte (n)	la ballade / l'histoire, le récit
Erziehen / entwickeln / beeinflussen	éduquer / développer / influencer
Sich aneignen / Spaß machen	s'approprier / donner du plaisir
sich identifizieren / sich einfühlen	s'identifier / avoir de l'empathie
sich sehnen / zurückdenken	avoir la nostalgie de / se remémorer
Träumen / sich vorstellen	rêver / s'imaginer
verfilmen / vertonen	adapter au cinéma / mettre en musique
Verkörpern / vermitteln / gedenken	incarner / transmettre / rendre hommage
Vertrauen / glauben / unterscheiden	faire confiance / croire / faire la distinction
Zweckentfremdet	utilisé à d'autres fins, détourné

TOP CHRONO
C'est l'interro !

[Chaque bonne réponse donne droit à 1 point.]

1. Ces mythes germaniques sont passés à la postérité. Comment ? Entoure la réponse la plus importante sachant que parfois les trois existent. *3 min*

a. *der Mythos der Lorelei*	**1.** *Eine Ballade*	**2.** *Ein Film*	**3.** *Eine Oper*
b. *der Mythos von Faust*	**1.** *Ein Gedicht*	**2.** *Ein Theaterstück*	**3.** *Ein Comic*
c. *der Mythos von Thor*	**1.** *Eine Oper*	**2.** *Ein Comic*	**3.** *Ein Film*
d. *der Mythos von W. Tell*	**1.** *Ein Film*	**2.** *Ein Gedicht*	**3.** *Ein Theaterstück*

2. Qui fait quoi en principe ? *1 min*

a. *komponieren*	**b.** *schreiben*	**c.** *erziehen*	**d.** *inszenieren*	**e.** *zeichnen*

1. *Komponisten* • **2.** *Regisseure* • **3.** *Comic-Maler* • **4.** *Eltern* • **5.** *Dichter*

3. Complète à l'aide du mot qui convient. *4 min*

a. *Richard Wagner hat den Mythos der Nibelungen* ....

b. *Die Saga von Siegfried haben viele Regisseure* ....

c. *Tolkien hat sich die nordischen Legenden sehr gut* ....

d. *Wilhelm Tell wird von Jahr zu Jahr immer wieder neu* ....

e. *Am 22.2.2016 wollen wir aller toten Soldaten von Verdun* ....

Verfilmt • *gedenken* • *vertont* • *angeeignet* • *inszeniert*

4. *Deine Mutter liest dir die Sage von Siegfried vor. Was bist du?* *1 min*

a. *ein Leser* • **b.** *ein Zuhörer* • **c.** *ein Zuschauer* • **d.** *ein Spieler*

SCORE

...... pts

19 SENTIMENT NATIONAL

Je révise

Das integrative Potential	la capacité à intégrer
Das Denkmal (¨er) / die Statue (n)	le monument / la statue
Das Einigkeitsgefühl / politisieren	le sentiment d'unité / politiser
Das politisch-historische Ereignis	l'événement politico-historique
Das Reich der Phantasie preisen	exalter le royaume de l'imagination
Der Beitrag zur Nationalidentität	la contribution à l'identité nationale
Der Erbfeind (e) / instrumentalisieren	l'ennemi héréditaire / instrumentaliser
Der Geschichtsmythos	le mythe historique (identité nationale...)
Der Gründungsmythos (en)	le mythe fondateur (pays, villes...)
Der politischen Situation anpassen	adapter à la situation politique
Der Rechtsextremist (en) / Neonazi (s)	l'adepte de l'extrême droite / le néonazi
...feindlich / ...freundlich	...phobe / ...phile
Der Ursprungsmythos (en)	le mythe des origines (peuples, races...)
Die Zugehörigkeit (zu dem Volk)	l'appartenance (au peuple)
Die Bezugsperson (en) / der Kult (e)	la personne servant de repère / le culte
Die Fälschung / Umdeutung (en)	la falsification / la réinterprétation
Die Fremdherrschaft (en)	la domination, occupation étrangère
Die Heimat / das Volk (¨er)	la terre natale / le peuple
Die Personifikation (en) / das Idol (e)	la personnification / l'idole
Die Schlacht (en) / der Kaiser (-)	la bataille / l'empereur
Die Schönheit und Wildheit der Natur	la beauté et l'état sauvage de la nature
Die Überlegenheit / Unterlegenheit	la supériorité / l'infériorité
Die Vereinigung der Deutschen	l'unification des Allemands
Die Verherrlichung (en) / der Ruhm	la glorification / la gloire, renommée
Eskalieren / ausarten / übertreiben	s'intensifier / dégénérer / exagérer
Identität stiften / die Affinität (en)	donner une identité / l'affinité

TOP CHRONO
C'est l'interro !

1. Traduis en français avec une attention particulière sur les mots soulignés.
[1 pt pour chaque mot souligné, 1 pt pour le reste]

3 min

a. *Gründungsmythen existieren in fast allen Ländern der Welt.*

....

b. *Mythen stiften Identität und stärken die Nationalidentität.*

....

c. *Ein König wird oft ein Held, nachdem er eine wichtige Schlacht gewonnen hat.*

....

2. Fabrique le nom en ajoutant *-keit* ou *-heit*. [1 pt]

4 min

a. *wild* ⇨ ....
b. *schön* ⇨ ....
c. *falsch* ⇨ ....
d. *zugehörig* ⇨ ....
e. *feindlich* ⇨ ....
e. *unterlegen* ⇨ ....

3. Traduis en français. [1 pt]

3 min

a. *In jedem Mythos ist eine Fälschung der Realität banal.*

....

b. *Die Verherrlichung der Helden ist vielleicht eine Tendenz der Imperialisten.*

....

SCORE
...... pts

20 MYTHES DU MONDE GERMANIQUE

Je révise

Das Fabelwesen (-) / der Wichtel (-)	la créature mythique / le lutin
Das Wirtschaftswunder	le miracle économique (années 1950-60)
Der Alpenmythos (Schweiz)	le mythe des Alpes (Suisse)
Der Antifaschismus (in der DDR)	l'antifascisme (en RDA)
Der Canossagang (1077)	la pénitence de Canossa
Der deutsche Nationalmythos (en)	le mythe national allemand
Der Elb, die Elbe / das Lichtwesen	l'elfe / la créature de lumière
Der Hausgeist / Waldgeist (er)	le génie domestique / le génie des forêts
Der Neutralitätsmythos (Schweiz)	le mythe de la neutralité (Suisse)
Der Vater Rhein	le mythe du Rhin
Der Wassermann (¨er) / die Nixe (n)	l'ondin, génie des eaux / ondine, naïade
Die Lorelei / der Schiffer (-)	la Loreley / le bâtelier
Die Stadt Nürnberg (das Mittelalter)	la ville de Nuremberg (Moyen Âge)
Die Stadt Weimar (die Klassik)	la ville de Weimar (période classique)
Faust / der Erfindungsreichtum	Faust / l'inventivité
Germania / das Ideal des Waldes	Germania / l'idéal de la forêt germanique
Hermann der Cherusker, Arminius	Arminius, Hermann le Chérusque
Kaiser Barbarossa	l'empereur Frédéric Barberousse (1122-1190)
Königin Luise (gegen Napoleon)	Reine Louise de Prusse (contre Napoléon)
Martin Luther / der Reformator	Martin Luther / le réformateur
Otto von Bismarck / Preußenmythos	Otto von Bismarck / Mythe de la Prusse
Siegfried und die Nibelungen	Siegfried et les Nibelungen
Wilhelm Tell / Der Rütlischwur	Guillaume Tell / Serment de Rütli (Suisse)

TOP CHRONO
C'est l'interro !

[Chaque bonne réponse donne droit à 1 point.]

1. Quelle idée représente chaque mythe ? — *4 min*

a. *Wirtschaftswunder*	**1.** *Die deutsche Sprache*
b. *Lorelei*	**2.** *Der erste Sieg über die Römer*
c. *Martin Luther*	**3.** *Ein guter Lebensstandard nach dem Krieg*
d. *Hermann*	**4.** *Die Gefahren auf dem Rhein*
e. *Germania*	**5.** *Der geniale Deutsche*
f. *Faust*	**6.** *Die germanische Heldenzeit*
g. *Siegfried*	**7.** *Die Autonomie der ersten Schweizer Kantone*
h. *Rütlischwur*	**8.** *Der mysteriöse deutsche Wald*

2. Attribuez les mythes suivants au pays concerné. — *3 min*

*a. Deutschland vor **1800***	**b.** *Deutschland nach **1800***	**c.** *Schweiz*

1. *Canossagang* • **2.** *Wilhelm Tell* • **3.** *Königin Luise* • **4.** *Barbarossa* • **5.** *Neutralitätsmythos* • **6.** *Arminius* • **7.** *Otto von Bismarck* • **8.** *Nibelungen*

3. Complète avec les mots qui conviennent. — *3 min*

a. *Otto von Bismarck symbolisiert den deutschen* ....

b. *Die Lorelei war Tochter von Vater Rhein und also eine* ....

c. *In der germanischen Mythologie gab es viele kleine* ....

d. *Im Film „Herr der Ringe" sieht man neben den Hobbits, den Menschen, den Zwergen, den Zauberern auch das noble Volk der* ....

1. *Nixe* • **2.** *Wichtel* • **3.** *Elfen* • **4.** *Nationalmythos*

SCORE
...... pts

21

TRACES DE L'HISTOIRE

Je révise

Das deutsche Kaiserreich (e)	l'empire allemand
Das Fürstentum Liechtenstein	la principauté du Liechtenstein
Das heilige römische Reich dt. Nation	le Saint Empire romain germanique
Das Oberhaupt (¨er) / der Stamm (¨e)	le chef / le clan, la tribu
Der Beitritt der DDR zur BRD	l'adhésion de la RDA à la RFA
Der Erste Sekretär	le premier secrétaire (RDA, URSS...)
Der Generalsekretär (e)	le secrétaire général (ONU, Chine...)
Der Häuptling (e) / der Anführer (-)	le chef de tribu / le meneur, le chef
Der Herzog (¨e) / der Fürst (en)	le duc / le prince
Der König (e) / die Königin (nen)	le roi / la reine
Der oberste Religionsführer (-)	le guide suprême
Der Rechtsstaat (en) / die Diktatur (en)	l'état de droit / la dictature
Der Revolutionsführer (-)	le guide de la Révolution
Der Staat (en) / das Land (¨er)	l'état / le pays
Der Staatschef (s) / der Diktator (en)	le chef d'État / le dictateur
Die Bundesrepublik (BRD)	la République fédérale (RFA)
Die DDR / der Volksstaat (en)	la RDA / l'État populaire
Die Demokratie (n) / die Monarchie (n)	la démocratie / la monarchie
Die k.u.k. Doppelmonarchie	l'empire austro-hongrois
Die schweizerische Eidgenossenschaft	Confédération helvétique
Die Verfassung (en)	la constitution
Die Wiedervereinigung Deutschlands	la réunification de l'Allemagne
Herrschend / amtierend	régnant / en exercice
Preußen / Österreich / die Schweiz	la Prusse / l'Autriche / la Suisse

TOP CHRONO
C'est l'interro !

[Chaque bonne réponse donne droit à 1 point.]

1. Retrouve la fonction et traduis-la !

8 min

Der Chef von...	*ist (war) ein...*	*Traduction de la fonction*
a. *A der Schweiz*	**1.** *Bundeskanzler*	....
b. *B Großbritannien*	**2.** *oberster Religionsführer*	....
c. *C den Sioux*	**3.** *König*	....
d. *D Liechtenstein*	**4.** *Bundespräsident*	....
e. *E Luxemburg*	**5.** *Emir*	....
f. *F der UNO*	**6.** *Anführer*	....
g. *G dem Iran*	**7.** *Erster Sekretär*	....
h. *H Kuweit*	**8.** *Großherzog*	....
i. *I der BRD*	**9.** *Fürst*	....
j. *J der DDR*	**10.** *Häuptling*	....
k. *K der Al-Qaida-Gruppe*	**11.** *Generalsekretär*	....

2. Complète avec le mot qui convient.

4 min

a. *Der Chef des UN-Sekretariats ist der .... Ban Ki-moon.*

b. *Der Staatschef Frankreichs ist ein ....*

c. *In Kuba war Fidel Castro der ....*

d. *Albert von Monaco ist ein ....*

SCORE

...... pts

22 SPHÈRE PUBLIQUE

Je révise

Der Bundespräsident (en)	le président de la fédération (D, A, CH)
Der Bundesstaat (en) / der Bund (¨e)	l'état fédéral / la fédération
Der Bundestag / der Bundesrat	le Bundestag / le Bundesrat (législatif)
Der Bürgermeister (-) / der Kreis (e)	le maire / l'arrondissement
Der Gemeinderat / Kantonsrat (¨e)	le conseil municipal / cantonal (Suisse)
Der Kanzler (-) / die Kanzlerin (nen)	le chancelier / la chancelière
Der Klub (s) / die Tagung (en)	le club / le congrès
Der Minister (-) / der Abgeordnete (n)	le ministre / le député
Der Ministerpräsident (en)	le ministre-président (chef d'un Land)
Der Premierminister (-)	le Premier ministre
Der Verein (e) / der Verband (¨e)	l'association / la fédération, groupement
Die Bundesregierung / der Bundesrat	le gouvernement fédéral (idem en Suisse)
Die Fraktion (en) / die Lobbygruppe	le groupe parlementaire / groupe lobbyiste
Die Gesellschaft / Verwaltung (en)	la société / l'administration
Die Gewerkschaft (en) / der BDI	le syndicat / le MEDEF (équivalent)
Die Gruppe / Interessengruppe (n)	le groupe / groupe d'intérêt
Die parlamentarische Demokratie	la démocratie parlementaire
Die parlamentarische Monarchie	la monarchie parlementaire
Die Peergroup (s) / die Clique (n)	le groupe de pairs / la clique
Die präsidentiale Demokratie	la démocratie présidentielle
Die Schule (n) / die Klasse (n)	l'école / la classe
Die Wirtschaft / die Arbeitswelt	l'économie / le monde du travail
Das Paar (e) / die Familie (n)	le couple / la famille

TOP CHRONO
C'est l'interro !

1. Ordonne les représentations citoyennes de la RFA de la plus locale à la plus nationale. [1 pt] *3 min*

1. *Der Kreistag* • 2. *Der Bundestag*
3. *Der Landtag* • 4. *Der Gemeinderat*

a. ....

b. ....

c. ....

d. ....

2. Inscris le type d'état correspondant à chaque pays. [1 pt] *2 min*

a. *Frankreich*	b. *Vereinigtes Königreich*	c. *Deutschland*	d. *Schweiz*

1. *Die parlamentarische Demokratie* • 2. *die direkte Demokratie* • 3. *Die präsidentielle Demokratie* • 4. *Die parlamentarische Monarchie*

3. Apprends en traduisant ces phrases. [2 pts] *6 min*

a. *In Deutschland hat der* ***Bundespräsident*** *nur eine repräsentative Funktion.*

b. *Der Chef eines Bundeslandes in Deutschland heißt der* ***Ministerpräsident****.*

c. *Eine parlamentarische Gruppe im deutschen Bundestag heißt eine* ***Fraktion****.*

d. *Eine Gruppe von Jugendlichen, die dieselben Ideen haben, ist eine* ***Peergroup****.*

e. *Ein Fußballklub ist ein* ***Verein*** *und die FIFA ist ein* ***Verband****.*

a. ....

b. ....

c. ....

d. ....

e. ....

SCORE

...... pts

23 FORMES DE POUVOIR

Je révise

Auf jemand einreden / eintrichtern	chercher à persuader / inculquer
Beeindrucken / prägen / hemmen	impressionner / marquer / réfréner, inhiber
Beeinflussen / mobben / quälen	inflluencer / harceler / tourmenter
Befehlen / befehligen	donner un ordre / commander (armée)
Das soziale Verhalten (-)	le comportement en société
Der Befehl (e) / die Qual (en)	l'ordre / la torture, le tourment
Der Guru (s) / das Mitglied (er)	le gourou / le membre
Der soziale Zwang (¨e)	la persuasion coercitive, la contrainte sociale
Die gesellschaftliche Kontrolle (n)	le contrôle social
Die Androhung (en) / die Schande (n)	la menace / la honte
Die Gewalt (en) / die Folter (n)	la violence la torture (physique)
Die Manipulation (en) / der Dialog (e)	la manipulation / le dialogue
Die psychische / physische Macht	le pouvoir psychique / physique
Die Sekte (n) / indoktrinieren	la secte / endoctriner
Dirigieren / leiten / vorstehen	diriger (mus.) / mener / être à la tête de
Durch Erziehung tradierte Werte	valeurs transmises oralement par l'éducation
Macht ausüben / übernehmen	exercer un pouvoir / prendre le pouvoir
Macht über jemanden haben	avoir un pouvoir sur quelqu'un
(meiner) Kontrolle entgleiten	échapper à (mon) contrôle
Schlagen / foltern / erpressen	frapper / torturer / faire pression
Suggerieren / manipulieren	suggérer / manipuler
Überzeugen / beaufsichtigen	convaincre / inspecter, surveiller
Unter Kontrolle haben / halten	avoir / conserver sous son contrôle
Vereinnahmen	accaparer, s'emparer de tout, du pouvoir
Verhaften, festnehmen / inhaftieren	appréhender, arrêter / emprisonner

TOP CHRONO
C'est l'interro !

[Chaque bonne réponse donne droit à 1 point.]

1. Entoure la bonne réponse. *3 min*

a. *Alle Eltern möchten, dass ihre Kinder .... haben, wenn sie allein sind.*

1. *einen guten sozialen Zwang* **2.** *ein gutes soziales Verhalten*

b. *Egal, wo du geboren bist, ... uns die Kindheit sehr stark.*

1. *prägt* **2.** *überzeugt* **3.** *vereinnahmt*

2. Complète les phrases avec les mots qui conviennent. *5 min*

a. *Er fühlt sich durch die Kontrolle des Chefs in seiner Arbeit ....*

b. *Die Gruppe .... der Kontrolle des Animateurs.*

c. *C.Der Vater .... seine Tochter, damit sie ihrer Mutter nichts erzählt.*

d. *Der Guru hat alle Mitglieder der Sekte total ....*

e. *Der Dirigent .... das Orchester.*

f. *Der Pilot hat sein Auto unter ....*

1. *erpresst* • **2.** *Kontrolle* • **3.** *indoktriniert* • **4.** *gehemmt* • **5.** *leitet* • **6.** *entgleitet*

3. Inscris les mots dans la bonne colonne. Un mot peut aller dans les deux. *3 min*

a. *Suggerieren* • **b.** *einreden* • **c.** *Leiten* • **d.** *Schlagen* • **e.** *Der Befehl* • **f.** *Dirigieren* • **g.** *Mobben* • **h.** *die Folter*

Psychische, mentale Macht	*Physische / körperliche Macht*

SCORE

...... pts

24 CONSÉQUENCES DU POUVOIR

Je révise

Bekämpfen / sich stemmen (gegen)	combattre / tenir tête à
Debattieren / argumentieren	débattre / argumenter
Demonstrieren / streiken / blockieren	manifester / faire la grève / bloquer
Der Konflikt (e) / konfliktscheu sein	le conflit / avoir peu du conflit
Der Reflex (e) / der Instinkt (e)	le réflexe, l'instinct
Der, die Verfolgte (n) / das Opfer (-)	la personne persécutée / la victime
Die Beeinträchtigung / Belohnung (en)	le préjudice, l'atteinte / la récompense
Die Kündigung / Beförderung (en)	le licenciement / la promotion
Die Persönlichkeit / Mentalität (en)	la personnalité / la mentalité
Die Reaktion (en) / Auswirkung (en)	la réaction / l'effet, l'impact
Die Rüge (n) / das Lob / die Kritik (en)	le blâme / le compliment / la critique
Die Vorstufe zur Gewalt	première étape avant l'usage de la violence
Diskriminiert / benachteiligt sein	être discriminé / désavantagé
Drangsaliert / gedemütigt werden	être brimé / humilié
Eine Entscheidung treffen	prendre une décision
Eine Monopolstellung haben	avoir une position de monopole
Motivieren / anstiften / anregen	motiver / susciter / inciter à faire qqch
Nicht mehr mitmachen / aufhören	ne plus être de la partie / cesser, arrêter
Seine Ideen durchsetzen	imposer ses idées
Sich für etwas einsetzen / engagieren	s'engager, s'investir (pour une cause)
Trotzen / streiten	braver, défier / se disputer, quereller
Ungehorsam / fügsam sein	être désobéissant / soumis, docile
Veranlassen / loben	pousser à / faire un compliment

TOP CHRONO
C'est l'interro !

1. Exprime la rébellion. Choisis le mot le plus logique. [2 pts] *4 min*

a. *Du bist mit deinen Eltern nicht einverstanden. Sie wollen etwas, was du nicht willst. Was machst du?*

1. *Du trotzt ihnen* **2.** *Du drangsalierst sie* **3.** *Du bist fügsam*

b. *Du hast Angst, deine Arbeit zu verlieren. Die Macht des Chefs ist für dich zu groß. Was machst du?*

1. *du streitest* **2.** *Du streikst* **3.** *Du setzt dich ein*

c. *Ein Mitschüler kommt zu dir und will dein schönes T-Shirt. Nicht im Traum! Was machst du?*

1. *Du setzt dich gegen ihn ein* **2.** *Du stemmst dich gegen ihn* **3.** *Du lobst ihn*

2. Associe les mots qui ont un sens proche. [1 pt par paire] *6 min*

a. *Demütigen* •	• **1.** *Anregen*
b. *Fügsam* •	• **2.** *Bekämpfen*
c. *Veranlassen* •	• **3.** *Argumentieren*
d. *Sich stemmen* •	• **4.** *Gehorsam*
e. *Sich einsetzen* •	• **5.** *Streiken*
f. *Demonstrieren* •	• **6.** *Drangsalieren*
g. *Debattieren* •	• **7.** *Benachteiligen*
h. *Diskriminieren* •	• **8.** *Sich engagieren*

3. Trouve le verbe à partir du nom. [1 pt chacun avec traduction] *5 min*

a. *Kündigung* ⇨ ....
Traduction :

c. *Belohnung* ⇨ ....
Traduction :

b. *Reaktion* ⇨ ....
Traduction :

d. *Debatte* ⇨ ....
Traduction :

SCORE
...... pts

25 RÉSISTANCE OU SOUMISSION

Je révise

Das Zwangsregime ablehnen	refuser un régime usant de la force
Der Domino-Effekt (e) / die Folge (n)	l'effet domino / la conséquence, la suite
Der Widerstand (¨e) / die Opposition	la résistance / l'opposition
Die Demonstration (en) / die Demo (s)	la manifestation / la manif
Die Ehrerbietungspflicht (en)	le devoir de déférence (âge, rang...)
Die Gehorsamspflicht (en)	le devoir d'obéissance (filial, rang...)
Die Kettenreaktion (en) / auslösen	la réaction en chaîne / provoquer
Die legitime Herrschaft akzeptieren	accepter le pouvoir légitime
Die Reaktionslosigkeit (en)	l'absence de réaction
Eine Konzession (en) machen	faire une concession
Einen Kompromis (sse) schließen	s'entendre sur un compromis
Friedlich / gewaltlos / demokratisch	pacifique / sans violence / démocratique
Illegal / gesetzwidrig / kriminell	illégal / contraire à la loi / criminel
Jemand unter seine Fittiche nehmen	prendre quelqu'un sous son aile, protéger
Klein beigeben / sich zurückhalten	filer doux / se mettre en retrait
kriecherisch, speichelleckerisch	rampant, lèche-bottes (fam.)
Legal / legitim / offiziell / gesetzlich	légal / légitime / officiel / fixé par la loi
Nachgeben / aufgeben / kapitulieren	céder / renoncer / capituler
Sich jemandem unterwerfen / fügen	se soumettre / se conformer à qqn / qch
Sich unterordnen / sich beugen	se placer sous l'autorité de / se plier à
untertänig / unterwürfig / feig	soumis / servile / lâche
Verantwortungsbewusst	conscient de ses responsabilités
Widerstehen / Widerstand leisten	résister / faire de la résistance
Zustimmen / auf etwas eingehen	accepter, approuver / approuver, conclure

TOP CHRONO
C'est l'interro !

[Chaque bonne réponse donne droit à 1 point.]

1. Entoure l'intrus dans la liste à cause de son sens divergent. *2 min*

a. 1. *Zustimmen* • **2.** *auf etwas eingehen* • **3.** *sich beugen* • **4.** *einverstanden sein*

b. 1. *kapitulieren* • **2.** *Sich unterordnen* • **3.** *aufgeben* • **4.** *nachgehen*

c. 1. *Kompromiss* • **2.** *Widerstand* • **3.** *Konzession*

2. Complète avec le verbe adéquat. *2 min*

a. *Eine Demonstration* .... • **b.** *seine Pflicht* .... • **c.** *Einen Kompromis* .... • **d.** *Eine Konzession* .... • **e.** *Ein Zwangsregime* ....

1. *tun* • **2.** *organisieren* • **3.** *ablehnen* • **4.** *machen* • **5.** *schließen*

3. Quel mot correspond à la définition ? *4 min*

a. *Es ist die typische Situation, wo niemand etwas tut, um eine Lösung zu finden.*

b. *Wenn du mit einem Projekt oder einer Person einverstanden bist.*

c. *Wenn ein Phänomen ein anderes Phänomen auslöst, das ein drittes provoziert.*

d. *Wenn du ohne physische und psychische Gewalt reagierst.*

e. *Soldaten sollen auf ihren General hören.*

1. *Friedlichkeit* • **2.** *Gehorsamspflicht* • **3.** *Kettenreaktion* • **4.** *Reaktionslosigkeit* **5.** *Zustimmung*

a. .... • **b.** .... • **c.** .... • **d.** .... • **e.** ....

4. Quelle est la bonne traduction ? *2 min*

a. *sich fügen* : **1.** céder **2.** filer doux **3.** se soumettre **4.** s'opposer

b. *nachgeben* : **1.** donner **2.** redonner **3.** céder **4.** abandonner

SCORE
...... pts

26

L'ORDRE PUBLIC

Je révise

Anhalten / zur Wache mitnehmen	stopper, arrêter / conduire au poste
Aufpassen / überwachen / eingreifen	faire attention / surveiller / intervenir
Befugt / unbefugt / erlaubt	autorisé / non autorisé / permis
Das Polizeirevier (e) / die Wache (n)	Poste de police / poste, bureau de garde
Das SEK (Spezialeinsatzkommando)	le GIPN (groupe d'intervention, police)
Der Einsatz (¨e) / der Rückzug (¨e)	l'intervention, le déploiement / le retrait
Der Gefängnisaufseher / -wächter (-)	le gardien de prison
Der Notar (e) / der Gerichtsvollzieher	le notaire / l'huissier de justice
Der Polizist (en) / der Zollbeamte (n)	le policier / l'agent des douanes
Der Richter (-) / der Ermittler (-)	le juge / l'enquêteur, l'instructeur
Der Staatsanwalt / Rechtsanwalt (¨e)	le procureur / l'avocat (défense)
Der Zugang (¨e) / die Sperre (n)	l'accès / le barrage
Die Gewalt anwenden / angreifen	avoir recours à la violence / attaquer
Die GSG9 = die Antiterroreinheit (en)	Unité de forces spéciales (police, douanes)
Die Justiz / das Gericht (e) / Jura	la justice / le tribunal / le droit (études)
Die Notwehr / der Angriff (e)	la légitime défense / l'agression
Die Sicherheit (en) / die Nachtruhe	la sécurité / le repos nocturne
Die Strafvollzugsanstalt (en)	l'établissement pénitentiaire
Die Unschuldsvermutung (en)	la présomption d'innonence
Ermahnen / warnen / rügen, schelten	sermonner / avertir / réprimander
Gehorchen / Folge leisten	obéir à / obtempérer
Sich nicht alles gefallen lassen	ne pas se laisser tout faire
Sich verteidigen, sich wehren	se défendre contre qn, lutter

TOP CHRONO
C'est l'interro !

1. Qui fait quoi ? [1 pt] — *3 min*

a. Il surveille les prisonniers dans les prisons.

b. Il représente la partie civile et présente les chefs d'accusation.

c. Il intervient dans les prises d'otages ou les interventions délicates.

d. Il fait l'enquête préliminaire.

1. *der Ermittler* • **2** *der Aufseher* • **3** *die GSG9* • **4** *der Staatsanwalt*

2. Qui travaille où ? Complète.
[1 pt chaque mot, 1 pt pour la déclinaison] — *3 min*

a. *Der Richter arbeitet in d*............ ....

b. *Der Zollbeamte arbeitet an d*............ ....

c. *Der Polizist arbeitet auf d*..

3. Associe les sigles à leur champ d'action. [1 pt] — *1 min*

a. *die GSG9* • • **1.** Groupes d'intervention (GIPN)

b. *das BKA* • • **2.** Forces spéciales

c. *das SEK* • • **3.** Police judiciaire

4. Traduis les phrases en français. [2 pts] — *3 min*

a. *Wegen der Demo wurden die Straßen zum Stadtzentrum gesperrt.*

....

b. *Wenn die Polizei dich kontrolliert, sollst du Folge leisten.*

....

c. *Der Richter braucht die Analysen des Ermittlers.*

....

SCORE

...... pts

27 COMPORTEMENTS DANS LE GROUPE

Je révise

Abseits stehen / beiseite setzen	être en retrait / mettre à l'écart
Auslachen / kichern / verspotten	rire de / glousser, ricaner / se moquer de
Das Abhängigkeitsverhältnis (se)	la situation de dépendance
Der Missbrauch (¨e) / der Inzest (e)	l'abus / l'inceste
Die emotionale Erpressung (en)	le chantage affectif
Die Freiheit (en) einschränken	restreindre la liberté
Die Gewalt an Kindern	la violence faite aux enfants (en famille)
Die Liebe / der Hass / die Hassliebe	l'amour / la haine / relation amour-haine
Die Partnergewalt / die häusliche G.	la violence conjugale / violence domestique
Die Selbständigkeit (en) / die Vielfalt	l'autonomie / la diversité
Die sexuelle Belästigung (en)	le harcèlement sexuel
Die Strafe (n) / die Ohrfeige (n)	la punition / la claque
Die Vergewaltigung (en)	le viol
Eine drauf geben / die Prügelstrafe	donner une claque / le châtiment corporel
Erziehen / zurechtbiegen	éduquer / redresser
fördern / erleichtern / unterstützen	encourager / faciliter / soutenir
Rebellieren / die Stirn bieten	se rebeller / faire front, faire face à
Sich abheben / auffallen	se distinguer / attirer l'attention
Stigmatisieren / diskriminieren	stigmatiser / discriminer
Unter seiner Gewalt haben	avoir l'ascendance sur qn
Verschweigen / verheimlichen	taire, passer sous silence / garder secret
Zwischen vielen Gefühlen zerrissen	déchiré entre plusieurs sentiments

TOP CHRONO
C'est l'interro !

1. Quels actes représentent un pouvoir essentiellement psychique (PS) ou essentiellement physique (PH) ou clairement les deux (PSPH) ? [1 pt] *3 min*

a. *Gewalt zwischen Mann und Frau* • **b.** *Inzest* • **c.** *Diskriminierung* • **d.** *verspotten* **e.** *Ohrfeige* • **f.** *sexuelle Belästigung* • **g.** *Emotionale Erpressung*

PS =	PH =	PSPH =

2. Complète avec le mot qui convient. [1 pt] *3 min*

a. *In der Klasse hat Peter alle Jungen unter seiner ....*

1. *Kontrolle* **2.** *Gewalt* **3.** *Hass*

b. *Die .... existiert in den demokratischen Ländern mehr, als man denkt.*

1. *die Erpressung* **2.** *das Abhängigkeitsverhältnis* **3.** *die Partnergewalt*

c. *Die Rechtsextremisten .... die Migranten, damit sie nicht in Deutschland bleiben.*

1. *diskriminieren* **2.** *stigmatisieren* **3.** *rebellieren*

d. *Für einige Eltern ist die Ohrfeige eine akzeptable ...., für andere richtige Gewalt.*

1. *Strafe* **2.** *Vergewaltigung* **3.** *Missbrauch*

3. Traduis les phrases en français. [2 pts] *3 min*

a. *China schränkt die Freiheiten der Menschen im Internet ein.*

....

b. *Die Teenager verheimlichen ihren Eltern einige Sachen.*

....

SCORE

...... pts

28

LA VIOLENCE

Je révise

An den Haaren rupfen / sich raufen	tirer par les cheveux / se bagarrer
Anfangen / entstehen / enden	commencer / résulter / finir
Angreifen, attackieren	agresser, attaquer
Anschießen / erschießen	blesser par balle / tuer par balle
Beschimpfen / beleidigen / spotten	insulter / blesser / se moquer
Das Opfer / erleiden / belasten	la victime / subir / peser, accabler
Der Angriff (e) / die Attacke (n)	l'agression / l'attaque
Der Tod / die Nachfolge (n)	la mort / la séquelle
Die Gewalt / anwenden	la violence / utiliser, avoir recours à
Die Kriminalität / das Verbrechen	la criminalité / le crime, le délit
Die Schikane (n)	la brimade
Die Schlagwunde (n)	blessure par objet contondant
Die Stichwunde (n)	blessure par lame, arme blanche
Die Tat / der Täter / der Mittäter	l'acte / l'auteur coupable / le complice
Die unterlassene Hilfeleistung	la non-assistance à personne en danger
Die Verletzung (en) / der Schaden (¨)	la blessure / le préjudice, le tort
Erniedrigen / einschließen	humilier / enfermer
Fahrlässige Körperverletzungen	coups et blessures involontaires
Gefährlich / riskant, risikoreich	dangereux / risqué
Gewaltsam / aggressiv / brutal	violent / agressif / brutal
Herausfordern / bedrohen	provoquer, mettre au défi / menacer
Jemanden in Schrecken versetzen	terroriser qn
Jn auf frischer Tat ertappen	prendre en flagrant délit / sur le fait
Mobben / erpressen	harceler / faire pression, extorquer
Physisch / körperlich	physique/ corporel
Psychisch / geistig	psychique / mental, psychologique
Schlagen / hauen / schubsen	frapper / cogner / bousculer
Unauffällig / unterschwellig	inaperçu / enfoui, sous-jacent
Verhauen, verprügeln	rouer de coups, rosser

TOP CHRONO
C'est l'interro !

1. Retrouve le sens des mots dans le réservoir. Mots en trop ! [1 pt] *3 mn*

a. *Schlagwunde* ⇨ ....
b. *Angriff* ⇨ ....
c. *verhauen* ⇨ ....
d. *erschießen* ⇨ ....
e. *Schaden* ⇨ ....
f. *beleidigen* ⇨ ....

acte • blessure • vexer • harceler • frapper • séquelle • attaque • tuer par balle • victime • violence • préjudice • rouer de coups • complice • brimade • résulter

2. Qui fait quoi ? [1 pt]

a. C'est lui qui subit l'acte du crime ou délit.
b. Il aide l'auteur principal du crime.
c. C'est lui qui est l'auteur principal du crime ou délit.
d. Il a vu la scène du crime depuis la fenêtre de sa chambre.

1. *der Zeuge* • **2.** *der Mittäter* • **3.** *das Opfer* • **4.** *der Täter*

a. .... • **b.** .... **c.** .... • **d.** ....

3. Traduis les phrases en français. [2 pts] *4 min*

a. *Der Serial Killer versetzt das ganze Dorf in Schrecken.*

....

b. *Der Täter wurde auf frischer Tat ertappt.*

....

c. *Der ältere Schüler hat Gewalt gegen den jüngeren angewendet.*

....

SCORE
...... *pts*

29 RECHERCHE ET TECHNOLOGIE

Je révise

Das Gebiet (e) / der Bereich (e)	le secteur / le domaine
Das Kraftwerk (e) / die Anlage (n)	la centrale / le complexe, la centrale
Das Wahlrecht / Abtreibungsrecht (e)	le droit de vote / droit à l'avortement
Das Zeitalter / die Ära	l'ère, l'âge, la période / l'ère
Den Weg für etwas öffnen	ouvrir la voie à
Der Fortschritt (e) / der Rückschritt	le progrès / la régression
Der Roboter (-) / die Mechanisierung	le robot / la mécanisation
Der Wissenschaftler / Forscher (-)	le scientifique / le chercheur
Die Atomkraft / die Geothermie	l'énergie nucléaire / la géothermie
Die Debatte (n) / die Kontroverse (n)	le débat / la contreverse
Die Entdeckung (en) / der Erfolg (e)	la découverte / le succès
Die Entwicklung / Verbesserung (en)	l'évolution / l'amélioration
Die erneuerbaren Energien	les énergies renouvelables
Die Herausforderung / Gefahr (en)	le défi / le danger
Die industrielle Revolution	la révolution industrielle
Die neuen Technologien	les nouvelles technologies
Die Sonnenenergie / Windenergie (n)	l'énergie solaire / l'énergie éolienne
Die soziale Errungenschaft (en)	l'acquis social
Die Wissenschaft / Forschung (en)	la science / la recherche
Experimente durchführen / forschen	réaliser des expériences / rechercher
Gelingen / Schaffen/glücken	réussir / réussir, créer / réussir
innovativ / die Innovation (en)	innovant / l'innovation
Jemandem voran sein	être en avance, devancer
Legalisieren / verbieten / ablehnen	légaliser / interdire / refuser
Scheitern / misslingen	échouer / rater, échouer
Verändern / verwandeln	modifier, changer / transformer
Verbessern / verschlechtern	améliorer / aggraver

TOP CHRONO
C'est l'interro !

1. Retrouve le sens des mots dans le réservoir. Mots en trop ! [1 pt] 4 min

a. *Erfolg* ⇨ .... **b.** *Erneuerbar* ⇨ ....

c. *Forschung* ⇨ .... **d.** *Scheitern* ⇨ ....

e. *Gefahr* ⇨ .... **f.** *Herausforderung* ⇨ ....

g. *Gelingen* ⇨ .... **h.** *Rückschritt* ⇨ ....

échouer • solaire • renouvelable • défi • robot • centrale • succès • danger • recherche • réussir • débat • régression • refuser • ère • progrès • innovant

2. Tu fais le contraire de moi ! Complète et conjugue en conséquence. [1 pt] 3 min

a. *Wenn ich etwas verbessere,* .... *du es!*

b. *Wenn es mir gelingt, dann* .... *du!*

c. *Wenn ich einen Rückschritt sehe, siehst du einen* ....!

d. *Wenn ich etwas legalisieren will, willst du es* ....!

3. Traduis les phrases en français ou en allemand suivant le cas. [2 pts] 3 min

a. *Auf welchem Gebiet forschen Sie?*

....

b. La révolution industrielle a ouvert la voie au progrès.

....

c. Le droit à l'avortement est un acquis social.

....

SCORE

...... pts

30 CONSÉQUENCES DU PROGRÈS

Je révise

Das alltägliche Leben, der Alltag	la vie quotidienne, le quotidien
Das Bildungsniveau (s) (erhöhen)	le niveau d'éducation (élever)
Das Leben erleichtern	simplifier la vie
Das soziale Netzwerk (e)	le réseau social
Der Konsum / die Dienstleistung (en)	la consommation / la prestation de service
Der Lebenstandard (s)	le niveau de vie
Die / seine Leistungen steigern	augmenter les / ses performances
Die Beziehung (en)	la relation
Die Erfindung / Entdeckung (en)	l'invention / la découverte
Die Lebensbedingung (en)	la condition de vie
Die Leidenschaft (en) / die Sucht (en)	la passion / l'addiction
Die Unterhaltung / unterhalten	le divertissement / divertir, amuser
Erschweren / vereinfachen	rendre plus difficile / faciliter
Ersetzen / ergänzen / unterstützen	remplacer / complèter / soutenir
Etwas googeln / recherchieren	rechercher sur Google / rechercher
In Kontakt treten / stehen / bleiben	entrer / être / rester en contact
Sich anstrengen / sich bemühen	faire un effort / se donner de la peine
Sich langweilen / chillen	s'ennuyer / se détendre
Sich unterhalten / das Forum (ren)	se parler, discuter / le forum (Internet)
Umdenken	repenser sa vision des choses
Verbinden / verbunden sein	connecter, relier / être (inter)connecté
Zeit sparen / verlieren	gagner / perdre du temps

TOP CHRONO
C'est l'interro !

1. *Welches Verb passt sehr gut zur Definition?* [1 pt] *3 min*

a. *Ich mache absolut nichts : ich liege, lese, chatte oder höre Musik.*

b. *Ich will meine Ideen und mein Leben neu definieren.*

c. *Ich mache alles online und mit Apps, weil es schneller geht.*

d. *Ich versuche jeden Tag 2 Stunden ohne Handy und Tablet zu leben.*

1. *umdenken* • **2.** *chillen* • **3.** *sich bemühen* • **4.** *Zeit sparen*

a. .... • **b.** .... **c.** .... • **d.** ....

2. Retrouve le sens des mots dans le réservoir. Mots en trop ! [1 pt] *3 min*

a. *Alltag*	⇨	**d.** *Erfindung*	⇨ ....
b. *Leistung*	⇨	**e.** *erschweren*	⇨ ....
c. *Sucht*	⇨	**f.** *verbinden*	⇨ ....

effort • quotidien • faciliter • rendre difficile • invention • recherche • relation • remplacer • connecter • addiction • gagner • performance • réseau • niveau

3. Traduis les phrases en allemand. [2 pts] *3 min*

a. Avec mon portable, je reste en contact avec mes amis.

....

b. L'ordinateur simplifie ma vie, mais je peux aussi me divertir avec lui.

....

SCORE

...... pts

31 PROGRÈS ÉCONOMIQUE

Je révise

Das neue Geschäftsverfahren (-)	le nouveau procédé commercial
Das neue Produkt (e)	le nouveau produit
Das Produktionssystem (e)	le système productif
Das Risikomanagement	la gestion du risque
Das Start-up-Unternehmen (-)	la start-up
Das Vorsorgeprinzip (ien)	le principe de précaution
Das Wachstum (¨er) / die Effizienz	La croissance / l'efficacité
Das Wirtschaftswunder	le miracle économique (années 1950-60)
Der Arbeitsmarkt (¨e)	le marché du travail, l'emploi
Der Aufschwung (¨e)	l'essor
Der Konkurrenz standhalten	faire face à la concurrence
Der neue Markt (¨e) / die Ware (n)	le nouveau marché / la marchandise
Der Produktivitätsgewinn (e)	le gain de productivité
Die Auswirkung (en) (auf + Acc) :	l'effet, la répercussion sur
Die Innovation (en) / innovieren	l'innovation / innover
Die maschinelle Arbeitsweise	le machinisme
Die militärischen Fähigkeiten	les capacités militaires
Die neue Unternehmensform (en)	la nouvelle forme d'entreprise
Die Produktivität (en)	la productivité
Die Robotertechnik (en)	la robotique
Die Umwelt / das Risiko (ken)	l'environnement / le risque
Die Wettbewerbsfähigkeit (en)	la compétitivité
Neue Organisation der Produktion	la nouvelle organisation de la production

TOP CHRONO
C'est l'interro !

[Chaque bonne réponse donne droit à 1 point.]

1. Traduis en allemand. *3 min*

a. L'essor du tourisme : ....

b. le miracle économique : ....

c. la compétitivité : ....

d. la répercussion sur l'économie : ....

2. Complète par le mot le plus adéquat. *5 min*

a. *Mit der* .... *gibt es keine Arbeiter an den Maschinen mehr.*

b. *Die* .... *kommen mit dem Flugzeug von Peru nach Rungis.*

c. *Die chemischen Produkte sind ein großes Risiko für die* ....

d. *Jede Firma muss der Konkurrenz* ....

e. *Die Multinationalen suchen permanent nach neuen* ....

3. Retrouve la bonne traduction. *3 min*

a. *Das Risikomanagement* •	• **1.** le marché du travail
b. *Der Arbeitsmarkt* •	• **2.** les capacités
c. *Die Unternehmensform* •	• **3.** la forme d'entreprise
d. *Die Arbeitsweise* •	• 4. la gestion du risque
e. *Die Fähigkeiten* •	• **5.** le gain
f. *Der Gewinn* •	• **6.** mode de travail

SCORE

...... pts

32 INNOVATIONS SCIENTIFIQUES (1)

Je révise

Das Energiebedürfnis (sse)	le besoin, la demande en énergie
Das Forschungsinstitut (e)	l'institut de recherches
Das Hybridauto (s) / das Elektroauto	la voiture hybride / voiture électrique
Das Segelschiff (e) / Der Dampfer (-)	le bateau à voile / le bateau à vapeur
Das Solarkraftwerk (e) / die Sonne	la centrale solaire / le soleil
Das U-Boot (e) / der Tauchscooter (-)	le sous-marin / le propulseur de plongée
Das unbemannte U-Boot (e)	le sous-marin non embarqué, sans pilote
Das Wellenkraftwerk (e)	la centrale houlomotrice (vagues)
Der Elektromotor (en)	le moteur éléctrique
Der fotoelektrische Effekt (e)	l'effet photoélectrique
Der Ingenieur (e) / der Techniker (-)	l'ingénieur / le technicien
Die Drohne (n) / unbemannt	le drone / sans pilote, sans équipage
Die erneuerbare Energie (n)	l'énergie renouvable
Die Luft- und Raumfahrt	l'aérospatial
Die Rakete (n) / das Flugzeug (e)	la fusée / l'avion
Die Solarzelle (n) / das Solardach (¨er)	la pile solaire / toit avec panneaux solaires
Die umweltfreundliche Energie (n)	l'énergie propre
Die Windkraftanlage (n)	le parc éolien, la centrale éolienne
Ein Patent anmelden	déposer un brevet
Forschen / entwickeln / anfertigen	rechercher / développer / fabriquer
Strom herstellen / das Licht (¨er)	produire de l'électricité / la lumière
Ferngesteuert / computergeneriert	commandé à distance / de synthèse

TOP CHRONO
C'est l'interro !

[Chaque bonne réponse donne droit à 1 point.]

1. Avec quoi fonctionnent ces centrales ? *3 min*

a. *Wellenkraftwerk* •	• **1.** *Sonne*
b. *Windkraftanlage* •	• **2.** *Meer*
c. *Solarkraftwerk* •	• **3.** *Erdwärme*
d. *Atomkraftwerk* •	• **4.** *Höhenwinde*
e. *Geothermieanlage* •	• **5.** *Fossile Energieträger*
f. *Kohlekraftwerk* •	• **6.** *Kontrollierte Fission*

2. Que fait quoi ? UN intrus ! *3 min*

a. .... *fliegt* • **b.** .... *fährt auf Wasser* • **c.** .... *fährt auf Straßen* • **d.** .... *unter Wasser*

1. *Das Elektroauto* • **2.** *der Tauchscooter* • **3.** *Die Rakete* • **4.** *Das U-Boot* • **5.** *das Flugzeug* • **6.** *Das Schneemobil* • **7.** *Das Segelschiff* • **8.** *Das Wohnmobil*

3. Complète en fonction du sens. *6 min*

a. *Matthew hat eine neue Maschine entwickelt; er muss schnell dafür ein* .... *anmelden.*

b. *Du kannst mit einem* .... *dach selber Strom* ....

c. *Moderne Filme wie Avatar benutzen viele* .... *Bilder.*

d. *Eine Drohne, die Bomben wirft, wird von der Zentrale* ....

SCORE

...... *pts*

33 INNOVATIONS SCIENTIFIQUES (2)

Je révise

Der ethische Rat (¨e) / die Ethik	le conseil éthique / l'éthique
Die ambulante Behandlung (en)	le traitement ambulatoire
Die Computertomographie (n)	la tomodensitométrie ou « scanner »
Die Eugenik	l'eugénisme
Die Gentechnik (n) / Mutation (en)	la manipulation génétique / la mutation
Die Gentherapie (n) / Killerzelle (n)	la thérapie génique / la cellule tueuse
Die Immuntherapie (n) / der Krebs	l'immunothérapie / le cancer
Die In-vitro-Fertilisation (en)	la fécondation in vitro
Die Kernspintomographie (n)	imagerie par résonance magnétique : IRM
Die künstliche Befruchtung (en)	l'insémination artificielle
Die Laser-Operation (en)	l'opération au laser
Die minimal-invasive Chirurgie	la chirurgie peu invasive
Die Palliativmedizin / die Sterbehilfe	les soins palliatifs / l'euthanasie
Die Pränataldiagnostik (en)	le diagnostic prénatal
Die Stammzellentherapie (n)	la thérapie par les cellules souches
Die Therapieforschung (en)	la recherche thérapeutique
Die Ultraschalluntersuchung (en)	l'échographie
Die wiederherstellende Chirurgie	la chirurgie réparatrice
Genmanipuliert / das GMO-Produkt	génétiquement modifié
Gentechnisch verändert, GVO-	génétiquement modifié, ...OGM
Irreversible Schäden anrichten	causer des dommages irréversibles
Klonen / befruchten / abtreiben	cloner / inséminer / avorter

TOP CHRONO
C'est l'interro !

[Chaque bonne réponse donne droit à 1 point.]

1. Retrouve le sens des mots dans le réservoir. Mots en trop ! *3 min*

a. *genmanipuliert* ⇨ ....

b. *Befruchtung* ⇨ ....

c. *Killerzelle* ⇨ ....

d. *Sterbehilfe* ⇨ ....

e. *abtreiben* ⇨ ....

f. *Stammzelle* ⇨ ....

Cellule tueuse • avorter • féconder • modifier • euthanasie • insémination • génétiquement modifié • cellule souche • fécondation • IRM • eugénisme

2. Quel mot correspond à quelle définition ? *3 min*

a. *Diese moderne Chirurgie repariert Teile der Körper.* ....

b. *Diese Gruppe von Spezialisten soll sagen, welche Erfindung moralisch unakzeptabel ist.* ....

c. *Diese Chirurgieform will etwas ohne große Operation reparieren.* ....

d. *Sie ist eine Alternative für die Frauen, die auf natürlichem Wege kein Kind]bekommen können. Aber die Befruchtung passiert immer noch im Bauch.* ....

e. *Der Patient schläft nicht im Krankenhaus. Er geht nach Hause zurück.* ....

1. *der ethische Rat* • **2.** *ambulante Behandlung* • **3.** *Wiederherstellende Chirurgie* • **4.** *Die künstliche Befruchtung* • **5.** *Minimal-invasive Chirurgie*

3. Barre l'intrus dans la liste. *1 min*

1. *Immuntherapie* • **2.** *Stammzellentherapie* • **3.** *Gentherapie* • **4.** *Pränataldiagnostik*

SCORE
...... *pts*

34 PROGRÈS ET ALIMENTATION

Je révise

Das GVO-Produkt (e)	le produit OGM
Das pflanzliche / tierische Eiweiß (e)	la protéine végétale / animale
Der Betrug (¨e) / das Geheimnis (se)	la fraude / le secret
Der Bio-Anbau / klimafreundlich	la culture bio / respectueux du climat
Der direkte Verkauf ab Hof	la vente directe à la ferme
Der Kompost (e) / kompostieren	le compost / composter
Der Konservierungsstoff (e)	l'agent de conservation
Der Veganer (-) / die vegane Küche	le végétalien / la cuisine végétalienne
Der wertvolle Inhaltsstoff (e)	le composant à haute valeur nutritive
Die Abholzung (en) / das Palmöl	la déforestation / l'huile de palme
Die allergische Reaktion (en)	la réaction allergique
Die Antibiotika-Rückstände	les résidus d'antibiotique
Die Bio-Lebensmittel / naturbelassen	les aliments bio / à l'état naturel
Die Lebensmittelhygiene / -kontrolle	l'hygiène / contrôle des denrées alimentaires
Die Lebensmittelvergiftung (en)	l'intoxication alimentaire
Die Monokultur (en) / der Genmais	la monoculture / le maïs OGM
Die Nebenerscheinung (en)	l'effet indésirable
Geschützte Ursprungsbezeichnung	appellation d'origine protégée (AOP-gU)
Krebserregend / allergen	cancérigène / allergène
Laktosefrei / glutenfrei / fettfrei	sans lactose / sans gluten / sans graisse
Ohne Geschmacksverstärker	sans exhausteur de goût
Ohne Zusatzstoffe / Spuren enthalten	sans additifs / contenir des traces de

TOP CHRONO
C'est l'interro !

[Chaque bonne réponse donne droit à 1 point.]

1. Fais toi-même les termes en te servant de *-frei*. Puis complète. *3 min*

a. sans paraben : .... **b.** sans aluminium : ....

c. sans gluten : .... **d.** sans lactose : ....

e. sans arachide : .... **f.** sans protéines : ....

Laktose • Erdnuss • Aluminium • Paraben • Protein • Gluten

g. *Ich will ein .... Deo kaufen.*

h. *Ich brauche .... Nudeln.*

i. *In der Drogerie finde ich jetzt .... Creme.*

j. *Ist dieser Müsli-Schoko-Riegel ....?*

2. Qui fait quoi ? *3 min*

a. *Veganer* •
b. *Bio-Bauer* •
c. *Der Allergiker* •
d. *Der Vegetarier* •
e. *Der Traditionelle* •

• **1.** *Liest sehr genau die Etiketten.*
• **2.** *Isst absolut kein tierisches Produkt.*
• **3.** *Mag gU-Produkte von Deutschland essen.*
• **4.** *Baut keinen Genmais an.*
• **5.** *Will kein Fleisch essen, akzeptiert Milch und Eier.*

3. Choisis la réponse adéquate. *3 min*

a. *Wie können wir Lebensmittel länger aufbewahren?*

1. *Mit Zusatzstoffen* **2.** *Mit Konservierungsstoffen* **3.** *Mit Geschmacksverstärkern*

b. *Was kannst du bekommen, wenn gefährliche Substanzen wie Salmonellen in deine Nahrung kommen?*

1. *Lebensmittelvergiftung* **2.** *Nebenerscheinung* **3.** *allergischeReaktion*

SCORE

...... pts

35 FORMES D'ÉVOLUTION

Je révise

Zufrieden stellend / befriedigend	de manière satisfaisante / satisfaisant
Abnehmen / zunehmen	diminuer, maigrir / augmenter, grossir
Aus / sehen	avoir l'air, paraître
Besser / Zum Besseren	mieux / en mieux
Das Klassement (s)	classement (sports)
Das Ranking (s), die Rangfolge (n)	classement, palmarès
Der Platz (¨e), die Position (en)	place, position
Die Entwicklung (en)	évolution, progression, développement
Eine neue Form annehmen	prendre une autre forme
Einen neuen Stellenwert einnehmen	prendre à nouveau de l'importance
Einen Platz einnehmen	prendre, occuper une place
Gut / zum Guten	bien, bon / en bien
Plötzlich / erstaunlich	soudainement/étonnamment
Schlecht / zum Schlechten	mauvais / en mal
Schnell / langsam / allmählich	rapidement / lentement / progressivement
Sich entwickeln	évoluer, se développer
Sich verändern	changer, se transformer
Sich verbessern / sich verschlechtern	s'améliorer / s'agraver
Sich verschieben	se déplacer, changer de position
Sich verwandeln	se transformer, muter
Sich wandeln	changer, évoluer
Sich wenden	tourner, changer (rebondissement)
Sinken / steigen, ansteigen	baisser, chuter / monter, croître
Stagnieren / gleich bleiben	stagner / rester identique
Zum Negativen / zum Positiven	dans le négatif / dans le positif
Zum Glück / zu meinem Unglück	par chance / pour mon plus grand malheur
Der Zustand (¨e) / der Stand (¨e)	l'état / état, niveau, résultat
Die Situation (en), die Lage (n)	situation
Übertreffen, überholen, überschreiten	dépasser, faire mieux que
Unzufrieden stellend / unbefriedigend	de manière non satisfaisante
Im fortgeschrittenen Stadium	à un stade avancé (maladie)
Nachholen / einholen	refaire, remonter / rattraper (course)
Zu seinem Vorteil / ...Nachteil	à son avantage / à ses dépens
Zu meinem Gunsten / ...Ungunsten	à ma faveur / à mes dépens
Im Durchschnitt / vergleichsweise	en moyenne / en comparaison
Auf die Dauer / dauerhaft	à la longue / sur la durée

TOP CHRONO
C'est l'interro !

[Chaque bonne réponse donne droit à 1 point.]

1. Coche les phrases qui expriment une évolution positive. *3 mn*

a. *Die ökonomische Lage hat sich zum Besseren gewandelt.* ☐

b. *Die Arbeitslosigkeitsquote entwickelt sich unzufrieden stellend.* ☐

c. *Die Zahl der Pinguine hat 2016 stark abgenommen.* ☐

d. *Zum Glück hat unsere Schule im Ranking den 5. Platz eingenommen.* ☐

e. *Der Zustand der Patientin hat sich heute zum Guten gewendet.* ☐

f. *Die Sicherheit hat sich in unserer Stadt verschlechtert.* ☐

2. Reformule les phrases en ajoutant l'information indiquée entre parenthèses. *5 mn*

a. *Die Lage kann sich bis Dezember entwickeln.* (en mieux)

....

b. *Die Epidemie nimmt zu.* (de manière surprenante + rapidement)

....

c. *Meine Schwester hat sich verändert.* (en bien)

....

d. *Der Virus hat sich verwandelt.* (en mal)

....

SCORE

...... pts

36 SE DÉPLACER

Je révise

aufprallen / sich überschlagen	entrer en collision / faire des tonneaux
Das Fahrverhalten	le comportement au volant
Das Kreuzfahrtschiff (e)	le bateau de croisière
Das Moped (s) / der Motorroller (-)	la mobylette / le scooter
Das Motorrad (¨er) / Fahrrad (¨er)	la moto / la bicyclette
Das Schild (er) / das Zeichen (-)	le panneau / le signal
Das Strafmandat (e) / der Strafzettel	la contravention / le procès verbal d'amende
Der Autoverleih (e) / das Mietauto (s)	la location de voiture / voiture de location
Der Bahnhof (¨e) / der Flughafen (¨)	la gare / l'aéroport
Der Bus(sse) / das Taxi (s)	le bus / le taxi
Der Fahrgast (¨e), der Passagier (e)	le passager
Der Flieger (-), das Flugzeug (e)	l'avion
Der Gleis (e) / der Anlegeplatz (¨e)	le quai / lieu d'amarrage, embarcadère
Der Kapitän (s) / der Zugführer (-)	le capitaine / le conducteur de train
Der Radweg (e) / der Landeplatz (¨e)	la piste cyclable / le terrrain d'atterrissage
Der rege / Stop-and-go-Verkehr	la circulation intense / en accordéon
Der Rettungshubschrauber (-)	l'hélicoptère premiers secours
Der stockende Verkehr	la circulation ralentie
Der Taxistand (¨e) / die Station (en)	le point taxi / la station
Der Unfall (¨e) / der Stau (s)	l'accident / le bouchon
Der Zug (¨e) / die S-Bahn / U-Bahn	le train / le tramway / le métro
Der Zugbegleiter (-) / Flugbegleiter (-)	l'accompagnateur de train / de vol
Die öffentlichen Verkehrsmittel	les transports en commun
Die Polizei / die Feuerwehr	la police / les pompiers
Die Straße (n) / die Autobahn (en)	la route ou la rue / l'autoroute
Fahren / fliegen	rouler, conduire / voler
Sich verletzen / der Notarztwagen (-)	se blesser / l'ambulance du SAMU
Verunglücken / abstürzen / untergehen	avoir un accident / s'écraser / sombrer
Die Stoßzeit (en) / das Chaos	l'heure de pointe / le chaos

TOP CHRONO
C'est l'interro !

[Chaque bonne réponse donne droit à 1 point.]

1. Complète les phrases avec des mots qui conviennent. *6 min*

a. *Das .... war um 2 Uhr nicht mehr von dem Radar lokalisierbar.*

b. *Die Schwerverletzten wurden mit dem .... evakuiert.*

c. *Du kannst 200 km/h auf der .... fahren, wenn du willst.*

d. *Am Flughafen kannst du dein Taxi an der .... nehmen.*

e. *Heute ist CO_2-Alarm : alle .... sind frei.*

f. *Der .... kontrolliert die Tickets im Zug.*

g. *Sixt, Hertz, Europcar, EasyCar sind Firmen für das ....*

h. *Ruf die 112 an! Der .... muss schnell kommen.*

i. *In den .... in London oder Paris ist die U-Bahn voll!*

2. Donne la forme féminine des mots suivants. *2 min*

Masculin	Féminin	Masculin	Féminin
Zugbegleiter		*Zugführer*	
Uber-Fahrer		*Hubschrauberpilot*	

3. Qui pilote ou conduit quoi ? Attention intrus ! *2 min*

a. *Taxi* • **b.** *Flugzeug* • **c.** *Schiff* • **d.** *U-Bahn* • **e.** *Einrad*

1. *Der Flugbegleiter* • **2.** *der Kapitän* • 3. *der Zugführer* • 4. *der Pilot* • **5.** *Der Radfahrer* • **6.** *Der Zugbegleiter* • **7.** *der Teilnehmer* • **8.** *der Autofahrer*

a. .... • **b.** .... • **c.** .... • **d.** .... • **e.** ....

SCORE
...... pts

37 MOBILITÉ ET VOYAGES

Je révise

Besichtigen / bewundern	visiter / admirer
Chillen / Mittagschläfchen machen	paresser, glander / faire une sieste
Das Fremdenverkehrsamt (¨er)	le syndicat d'initiative, l'office du tourisme
Das Highlight (s) / das Event (s)	le grand événement / l'événement
Das Inland / das Ausland	le territoire national / le pays étranger
Das Museum / Freilichtmuseum (een)	le musée / l'écomusée
Das Personal / der Fremdenführer (-)	le personnel / le guide-conférencier
Die Führung (en) / der Reiseleiter (-)	la visite guidée / le directeur de circuit
Das Rathaus (¨er) / Giebelhaus (¨er)	l'hôtel de ville / la maison à pignon sur rue
Die Ausstellung / Veranstaltung (en)	l'exposition / la manifestation
Das Konzert (e) / das Fest (e)	le concert / la fête
Der Campingplatz (¨e) / das Zelt (e)	le camping / la tente
Der Dom (e) / das Münster (-)	la cathédrale / église abbatiale cathédrale
Die Kirche (n) / das Kloster (¨)	l'église / le monastère
Die Burg (en) / das Schloss (¨er)	le château-fort / le château résidentiel
Der Personalausweis (e) / der Pass (¨e)	la carte d'identité / le passeport
Der Zollbeamte (n) / die Grenze (n)	l'agent des douanes / la frontière
Der Stadtplan / der Stadtführer	le plan de ville / le guide touristique
Der Strandurlaub / der Bergurlaub	les vacances à la plage / à la montagne
Die Ferienwohnung (en)	le gîte de vacances
Der Urlaubsort (e) / der Badeort	le lieu de vacances / le site balnéaire
Der Wohnwagen / das Wohnmobil (e)	la caravane / le camping-car
Die Bedienung / die Rezeption	le service, serveur / la réception (hôtel...)
Die Besucherinformation (en)	l'accueil des visiteurs
Die Einzelfahrkarte / die Tageskarte	le ticket aller simple / forfait journalier
Die Jugendherberge (n) / das Hotel (s)	l'auberge de jeunesse / l'hôtel
Die Übernachtung (en)	la nuitée, la nuit
Der Koffer (-) / der Rucksack (¨e)	la valise / le sac à dos
Die Kasse/der Eintritt / der Pass	la caisse / le prix de l'entrée / le pass
Die Sehenswürdigkeit (en)	le site, la curiosité
Das Weltkulturerbe (n)	le patrimoine mondial de l'humanité
Das Denkmal (¨er) / das Gebäude (-)	le monument, le mémorial / le bâtiment
Einchecken / bezahlen, zahlen	enregistrer, remettre les clés / payer
Sich anstellen, Schlange stehen	faire la queue, se joindre à la file
Sich erholen / sich entspannen	se reposer / se détendre

TOP CHRONO
C'est l'interro !

1. Réponds aux questions par un mot. [1 pt] — 4 min

a. *Was besichtigst du prinzipiell, wenn du im Loire-Tal Ferien machst?* • **b.** *Was zeigst du im Prinzip nicht mehr im Schengen-Raum an der Grenze?* • **c.** *Welches Hotel mögen junge Leute lieber, weil es billiger ist.* • **d.** *Wo bekommt der Tourist Infomaterial und einen Stadtplan?*

a. .... **b.** ....

c. .... **d.** ....

2. Retrouve le sens des mots dans le réservoir. Mots en trop ! [1 pt] — 3 min

a. *Zollbeamter* ⇨ .... **d.** *Bedienung* ⇨ ....

b. *Münster* ⇨ .... **e.** *Eintritt* ⇨ ....

c. *Event* ⇨ .... **f.** *Ausstellung* ⇨ ....

Site balnéaire • gîte • douanier • monument • cathédrale • serveur • réception • exposition • entrée • visite guidée • château-fort • manifestation culturelle • caisse

3. Traduis les phrases en allemand. [2 pts] — 3 min

a. J'ai réservé une visite guidée au musée Pergamon à Berlin.

....

b. Il faut faire la queue devant la cathédrale de Cologne.

....

SCORE
...... *pts*

38 ORDINATEUR ET INTERNET

Je révise

Anklicken / laden / öffnen / schließen	cliquer sur / charger / ouvrir / fermer
Ausspionieren / missbrauchen	espionner / utiliser frauduleusement
Das Betriebssystem (e) / der Link (s)	le système d'exploitation / l'hyperlien
Das digitale Passfoto / biometrisch	la photo d'identité numérique / biométrique
Das Kennwort / das Passwort (¨er)	l'identifiant, mot de passe / le mot de passe
Der Computer / der Datenträger (-)	l'ordinateur / le support de données
Der Internetprovider / die Website (s)	le fournisseur de contenu / la page web
Der Netzanbieter (-) / der Browser (-)	le fournisseur d'accès / le navigateur
Der RFID-Chip (s), der Chip (s)	la puce identification par radiofréquences
der Verlust (e) an Freiheit	la perte de liberté
Der Virenscanner (-) / der Virus (en)	le logiciel anti-virus / le virus
Die Datenbank (en) / der Datenschutz	la banque / la protection des données
Die IP- Adresse / die Festplatte (n)	l'adresse IP / le disque dur
die IuK- / Cyber-Kriminalität (en)	la cybercriminalité
Die PIN / die Kennnummer (n)	le code PIN / le numéro d'identification
Die private Angelegenheit (en)	l'affaire privée
Die Sicherheit (en) / schützen	la sécurité / protéger
Die Spur (en) / hinterlassen	la trace / laisser
Die Videoüberwachung (en)	filmer / la surveillance vidéo
Die ZaRD	la brigade d'enquête sur les fraudes (BEFTI)
Ein Risiko (ken) eingehen	courir un risque
Ein strafrechtlich relevanter Inhalt	un contenu donnant suite à des poursuites
Gegen den Datenschutz verstoßen	enfreindre la loi sur les libertés personnelles
Googeln / minimieren / aufzoomen	chercher sur Google / minimiser / zoomer
Im Internet surfen / recherchieren	surfer sur Internet / faire des recherches
Mit Internet verbunden sein	avoir accès à Internet
Orten / bespitzeln / filmen	géolocaliser / espionner / filmer
Sich einloggen / sich abmelden	ouvrir une session / se déconnecter
Sich in die Privatsphäre einmischen	s'immiscer dans la vie privée
Speichern / die Daten / die Datei (en)	sauvegarder / les données / le fichier
Tippen / eingeben / sich anmelden	taper / saisir / s'inscrire
Überwachen /abhören	surveiller / intercepter un échange, écouter
Ungehindert beobachten werden	être observé sans moyen d'agir
Vernetzt sein / der Zugang (¨e)	être en réseau / l'accès

TOP CHRONO
C'est l'interro !

1. Donne le contraire de ces verbes. [1 pt] *3 min*

a. *sich abmelden ≠* ....

b. *vergrößern ≠* ....

c. *öffnen ≠* ....

d. *aktivieren ≠* ....

e. *auszoomen ≠* ....

f. *hochladen ≠* ....

2. Traduis les phrases suivantes en allemand.
[1 pt mot souligné, 1 pt pour le reste] *4 min*

a. La BEFTI surveille les sites qui ont un <u>contenu donnant lieu à des poursuites</u>.

....

b. La police peut te géolocaliser avec l'adresse IP de ton ordinateur.

....

3. Complète avec le mot qui convient le mieux. [1 pt] *6 min*

a. *Mit meinem modernen Handy identifiziere ich mich mit einer* ....*.*

b. *Ich habe ein Handy gefunden, ich kenne das* .... *nicht.*

c. *Wenn wir googeln,* .... *wir enorm viele Spuren.*

d. *Die Terroristen sind durch TELEGRAM miteinander* ....*.*

e. *Die NSA hat die Telefonate von Angela Merkel* ....*.*

f. *Klick nicht auf alle Buttons! Du gehst viele Risiken* ....*.*

g. *Mit dem* .... *Pass hat die Polizei alle privaten Daten.*

h. *Ich finde keinen Internet* .... *in diesem Hotel.*

i. *Mit Handys und Tablets kann die Polizei dich schnell* ....*.*

j. *Die Polizei kann die* .... *deines Computers konfiszieren.*

SCORE

...... pts

39 PORTABLE ET TABLETTE

Je révise

Aufladen / nutzen / abschalten	recharger / utiliser / éteindre
Bei / auf Facebook® / Twitter®	sur Facebook®, Twitter®...
Bei / per WhatsApp®	sur, par WhatsApp®
Berühren / drücken / verschieben	toucher / appuyer / déplacer
Das Display steuern / organisieren	contrôler / organiser l'écran
Das Handy (s) / das Smartphone (s)	le téléphone portable / le smartphone
Das Handy einschalten / entsperren	allumer / déverrouiller le portable
Das Multitasking (s) / der Sound (s)	le fonctionnement multitâche / le son
Das Recht auf Vergessenwerden	le droit à l'oubli
Das Tablet (s) / der i-Pod (s)	la tablette / l'iPod
Der Fingerabdrucksensor (en)	le scanner d'empreintes digitales
Der Lockscreen / Homescreen (s)	l'écran verrouillé / l'écran d'accueil
Der Power-Button / die Taste (n)	le bouton de mise sous tension / la touche
Die Akkulaufzeit (en) / der Akku (s)	la durée de marche de la batterie
Die Datenpersistenz (en)	la persistence des données
Die SIM-Karte / Speicherkarte (n)	la carte SIM / carte à mémoire optique
Eine App (s) nutzen / herunterladen	utiliser / télécharger une application
Eine Kurznachricht (en) verschicken	envoyer un message
Im digitalen Dauerstress sein	être dans le stress numérique permanent
Mit dem Zeigefinger wischen	balayer, bouger avec l'index
Online / ins Internet gehen	aller sur internet
Rund um die Uhr online sein	être connecté 24 heures sur 24
Umblättern / hin und her schieben	changer de page / faire défiler

TOP CHRONO
C'est l'interro !

[Chaque bonne réponse donne droit à 1 point.]

1. Retrouve le sens des mots dans le réservoir. Mots en trop ! *5 min*

a. *wischen* ⇨ ....
b. *entsperren* ⇨ ....
c. *berühren* ⇨ ....
d. *verschicken* ⇨ ....
e. *umblättern* ⇨ ....
f. *drücken* ⇨ ....

défiler • toucher • déverrouiller • organiser • contrôler • déplacer • verrouiller • envoyer • presser • sauvegarder • allumer • changer de page • fonctionner

2. Observe le sens et dis si la phrase est juste ou fausse. *2 min*

	J	F
a. *Ich verschicke jeden Tag Kurznachrichten per WhatsApp.*	☐	☐
b. *Ich kann eine Kurznachricht herunterladen.*	☐	☐
c. *Die Akkulaufzeit meines Handys ist von 2 Monaten.*	☐	☐

3. Avec quoi je fais cela ? *3 min*

a. *Damit kann ich mein Handy ein- und auschalten.*
b. *Damit kann ich mich auf dem Handy identifizieren.*
c. *Damit kann ich Icons und Apps auf dem Display verschieben.*
d. *Damit kann ich das Smartphone wieder aufladen.*
e. *Damit kann ich ein e-Book lesen.*

1. *das Tablet* • **2.** *der Akku* • **3.** *der Power-Button* • **4.** *der Zeigefinger* • **5.** *der Fingerabdrucksensor*

a. .... **b.** .... **c.** .... **d.** .... **e.** ....

SCORE
...... *pts*

40 MONDE CONNECTÉ

Je révise

Aktivieren / deaktivieren / eingeben	activer / désactiver / saisir, entrer
Das Chatprogramm (e) / chatten	la messagerie instantanée / chatter
Das E-Mail-Client (s) / die E-Mail (s)	l'accès à ses e-mails par portable / l'e-mail
Das Handy auf laut / lautlos stellen	mettre le son plus fort / sur muet
Das Mobilfunknetz (e)	le réseau de communication mobile
Das WLAN / der WLAN-Router (-)	le WIFI, réseau local sans fil / le router WIFI
Das WLAN-Smartphone (s)	le smartphone utilisant le WIFI
Der favorisierte Gesprächspartner (-)	le contact dans les favoris
Der Flugmodus (i) / Lautlosmodus (i)	le mode avion / le mode silencieux
Der Klingelton (¨e) / das Spiel (e)	la sonnerie, le jingle / le jeu
Der Organizer (-) / der Kalender (-)	l'agenda / le calendrier
Der QR-Code / Strichcode / lesen	le code QR / code-barres / lire
Der Vibrationsalarm / vibrieren	la sonnerie par vibreur / vibrer
Der WLAN-Hotspot (s) / -Anschluss	le point d'accès WIFI / la connexion par WIFI
Die Direktwahl (en) / anwählen	la sélection / sélectionner, choisir
Die Einstellung (en) / einstellen	le paramètre / paramétrer
Die Erinnerungsfunktion (en)	la fonction de rappel
Die Kamera (s) / das Diktiergerät (e)	la caméra / le dictaphone
Die kostenneutrale WLAN-Nutzung	l'utilisation du WIFI sans frais
Die SMS / die EMS / die MMS	le SMS / le EMS / le MMS
Die Sprachsteuerung (en)	la commande vocale
Die Texteingabehilfe (n) / wählen	l'aide à la saisie / choisir
Freihändig anrufen / telefonieren	appeler en mode mains libres
Sein Profil festlegen / verändern	établir / modifier son profil

TOP CHRONO
C'est l'interro !

1. Traduis en français. [2 pts] *3 min*

a. *Bitte PIN-Nummer eingeben!*

....

b. *Mit der Texteingabehilfe schreibe ich komische Wörter in meinen E-Mails*

....

c. *Wenn ich reise, suche ich immer einen WLAN-Hotspot für mein Smartphone.*

....

2. Complète avec le verbe adéquat. [1 pt] *4 min*

a. *freihändig* ....
b. *Sein Profil* ....
c. *auf laut* ....
d. *die GPS-Lokalisierung* ....
e. *Text* ....
f. *Eine E-Mail* ....
g. *QR-Coden* ....

lesen • eingeben • verändern • stellen • ersenden • deaktivieren • anrufen

3. Complète par le mot qui convient dans le contexte. [1 pt] *7 min*

a. *Der* .... *von Shakira ist super!*
b. *Mit dem* .... *vergesse ich meine Dates nicht!*
c. *Ich habe für die Schule den* .... *aktiviert.*
d. *Hast du eine* ...., *um ein Taxi zu finden?*
e. *In Frankreich darf man nicht mehr im Auto* .... *telefonieren.*
f. *In diesem Hotel gibt es keine kostenneutrale* ....
g. *In der Konferenz bitte Ihre Smartphones auf* .... *stellen.*
h. *Ich mag die* ...., *weil ich nichts mehr tippe.*
i. *In diesem Dorf gibt es kein* .... *Ich kann nicht anrufen!*

SCORE
...... pts

41

DÉCRIRE ET DÉFINIR

Je révise

Angenehm / anstrengend / arm	agréable / fatigant / pauvre
Arbeitslos / aufgeregt / behindert	chômeur / énervé / handicapé
bekannt / beliebt / bequem	connu / apprécié / confortable
berühmt / beschwipst / betrunken	célèbre / éméché / soûl
bewölkt / bitter / blass / blind	nuageux / amer / pâle / aveugle
bunt / dick / doof / dreckig	bigarré / gros / bête / sale
durchschnittlich / durstig / echt	moyen / assoiffé / authentique, vrai
einfach / eng / ernst / fair	simple / étroit / sérieux / loyal, fair-play
faul / feig / fett / feucht / flach	paresseux / lâche / gras / humide / plat
fleißig / fließend / frisch / fröhlich	studieux / fluide / frais / joyeux
gefährlich / gemeinsam / gerade	dangereux / commun / rectiligne, droit
gerecht / glatt / glücklich / gültig	juste / lisse / heureux / valable
günstig / hell / hoch / höflich	favorable / clair / haut / poli
hungrig / kaufmännisch / kostenlos	affamé / commercial / gratuit
kräftig / kühl / künstlich / lecker	fort / frais / artificiel / savoureux
links, link- / lustig / mager / mild	à gauche / gai / maigre / doux, clément
mündlich / mutig / nah / neugierig	oral / courageux / proche / curieux
niedrig / öffentlich / persönlich	bas / public / personnel
preiswert / pünktlich / rein / roh	bon marché / ponctuel / pur / cru
rot / scharf / schlank / schriftlich	rouge / aiguisé, pimenté / mince / écrit
schwach / schwanger / schwul	enceinte / noir / homosexuel
selbstständig / sonnig / spannend	autonome / ensoleillé / plein de suspense
staatlich / städtisch / steil/stolz	étatique / urbain / escarpé / fier
stumm / tätig / taub / tief / toll	muet / actif / sourd / profond / génial
treu / übrig / verantwortlich	fidèle / restant / responsable
wach / wild / wirtschaftlich	éveillé / sauvage / économique
wissenschaftlich / wöchentlich	scientifique / hebdomadaire
zäh / zärtlich / zufällig / zusätzlich	coriace / tendre / fortuit / additionnel
zweisprachig, dreisprachig	bilingue / trilingue

TOP CHRONO
C'est l'interro !

[Chaque bonne réponse donne droit à 1 point.]

1. Quelle est la réponse à la définition ? *5 min*

a. *So ist eine Person, die etwas essen will.* ⇨ ....

b. *So bist du, wenn du nicht sprechen kannst.* ⇨ ....

c. *So ist jemand, der viele Muskeln hat.* ⇨ ....

d. *So ist ein Pass, der bis 2020 läuft.* ⇨ ....

e. *So ist ein Schüler, wenn er gut arbeitet.* ⇨ ....

f. *So sind die Blumen mit vielen Farben.* ⇨ ....

g. *So ist eine Person in einem elektrischen Rollstuhl.* ⇨ ....

2. Traduis en allemand. *5 min*

a. Désagréable : ....

b. Irresponsbale : ....

c. Pas authentique : ....

d. Pas célèbre : ....

e. impersonnel : ....

f. inconnu : ....

g. défavorable : ....

h. inconfortable : ....

3. Trouve les antonymes des mots suivants. *2 min*

a. *Tätig* • **b.** *teuer* • **c.** *Dunkel* • **d.** *Öffentlich* • **e.** *Ernst* • **f.** *Stark*

1. *Hell* • **2.** *Privat* • **3.** *Preiswert* • **4.** *Schwach* • **5.** *Lustig* • **6.** *Arbeitslos*

a. ≠ .... • **b.** ≠ .... • **c.** ≠ .... • **d.** ≠ .... • **e.** ≠ .... • **f.** ≠ ....

SCORE

...... pts

42 ART ET POUVOIR

Je révise

die Architektur (en) / das Gebäude	architecture / édifices
die Residenz (en) / der Sitz (e)	résidence / siège
institutionell / königlich / fürstlich	institutionnel / royal / princier
die Burg (en) / das Schloss (¨er)	château-dort / château résidentiel
der Auftraggeber (-) / der Künstler	Celui qui passe commande / artiste
der Mäzen (e) / fördern / ermutigen	mécène / soutenir / encourager
die Macht (¨e) / die Gegenmacht (¨e)	pouvoir / contre-pouvoir
politisch / wirtschaftlich / religiös	politique / économique / religieux
die Kunst / die Ausdrucksform (en)	art / forme d'expression
das Verhältnis zu etwas / jemandem	rapport à qqch / qqn
jemandem dienen / abhängen	être au service de / dépendre
der Protest (e) / die Unterstützung	protestation / soutien
die Zensur (en) / der Einfluss (¨e)	censure / influence
die Propaganda (s) / der Patriotismus	propagande / patriotisme
die offizielle Kunst / die Gegenkultur	art officiel / contre-culture
der Underground / die Nebenkultur	style Underground / culture parallèle
die Alternativszene (n) / die Sub	scène alternative / la sub(culture)
das etablierte Kulturleben	vie culturelle établie
bewundern / legitimieren	admirer / légitimer
verherrlichen / bejubeln / verehren	aduler / jubiler / adorer
je nach der Epoche / ...dem Stil	suivant l'époque / ...le style
das Merkmal (e) / der Kulturraum (¨e)	caractéristique / espace culturel
die Streetart / das Plakat (e)	street art / affiche
die Karikatur (en) / die Avantgarde	caricature / avant-garde
engagiert / treu / im Dienste von	engagé/ fidèle / au service de
der Zwang (¨e) / vereinbaren	contrainte / concilier
die Malerei / die Skulptur	peinture / sculpture
das Porträt (s) / die Schlacht (en)	portrait / bataille
die Oper (n) / die Hymne (n)	opéra / hymne
die Apologie (n) / die Satire(n)	apologie / satire
der Heimatfilm (e) / der Kinofilm	film patriotique / film de cinéma

TOP CHRONO
C'est l'interro !

[Chaque bonne réponse donne droit à 1 point.]

1. Complète en fonction du sens. *5 min*

a. *Waterloo 1815 ist eine* ....

b. *Das Gemälde Mona Lisa ist ein* ....

c. *Der Sissi-Film ist ein* ....

d. *Don Giovanni ist eine* .... *von Mozart.*

e. *Die Medici waren in Florenz* .... *von Künstlern.*

f. *Die Graffiti sind eine Form von* ....

g. *Der Denker von Rodin ist eine* ....

h. *Die Marseillaise ist eine* ....

2. Entoure la bonne réponse. *4 min*

a. *Die Gewerkschaften, die die Interessen der Arbeiter verteidigen, sind im Unternehmen eine Form von...*

1. *Unterstützung* **2.** *Gegenmacht* **3.** *Mäzen* **4.** *Auftraggeber*

b. *Die Subkulturen kämpfen oft gegen...*

1. *den Mainstream* **2.** *den Underground* **3.** *die Gegenkultur*

c. *Durch Gemälde und Skulpturen wollen die Monarchen...*

1. *abgehängt werden* **2.** *bedient werden* **3.** *verherrlicht werden*

d. *Der Diktator will durch Massenzeremonien und Militärparaden...*

1. *ermutigt werden* **2.** *bejubelt werden* **3.** *gefördert werden*

e. *Die Künstler können manipuliert werden, um das Regime...*

1. *zu fördern* **2.** *zu bewundern* **3.** *zu legitimieren*

3. Quel est l'intrus dans la liste ? *3 min*

a. *bewundern / verherrlichen / verehren / dienen*

b. *der Underground / die Sub /das Merkmal / die Nebenkultur*

c. *das Plakat / das Schloss / die Burg / das Gebäude*

SCORE

...... pts

43 MONDES VIRTUELS

Je révise

die Falschmeldung (en), Fake-News	fausses informations
die Hassrede (n), die Hassworte	message de haine
die Medienerziehung	éducation aux médias
die Social Media / Cyber...	médias sociaux / cyber...
die sozialen Netzwerke	réseaux sociaux
das Cybermobbing / mobben	cyber-harcèlement / harceler
der Datenschutz	protection des données personnelles
die Zensur (en) / die Daten	censure / données numériques
die Kontrolle über etwas	contrôle de quelque chose
überprüfen / kontrollieren	vérifier / contrôler
manipulieren / sich einmischen	manipuler / s'immiscer
beobachten / ein Passwort knacken	observer / cracker un mot de passe
die künstliche Intelligenz	intelligence artificielle
die virtuellen Zahlungsmittel	moyens de paiement virtuels
der Identitätsdiebstahl	usurpation d'identité
der Whistleblower (-)	lanceur d'alerte
das Forum (ren) / das Blog (s)	forum / blog
die Telearbeit (en)	télétravail
der virtuelle Raum (¨e) / das Wiki	espace virtuel / wiki
der Fortschritt (e)	progrès
die Beziehung (en)	relation
in eine Hierarchie bringen	hiérarchiser
richtig und falsch unterscheiden	démêler le vrai du faux
Prioritäten setzen / hierarchisieren	fixer des priorités / hiérarchiser
Infos inhaltlich einstufen können	savoir hiérarchiser des informations
das Engagement (s)	engagement
der Zugang zu Wissen (Know-how)	accès au savoir
die Meinungsfreiheit	libre expression
die partizipative Demokratie	démocratie participative
die Schwierigkeit (en)	difficulté
der Informationsaustausch (e)	partage de l'information
online / virtuell / digital	en ligne / virtuel / numérique
real / irreal / realitätsfern	réel / irréel / loin de la réalité

TOP CHRONO
C'est l'interro !

1. Quel terme correspond à la définition ? [9 pts] *5 min*

a. *Es sind böse, diffamierende Texte beim Cybermobbing.*

b. *Es ist eine Strategie, um die private Sphäre der Internetuser zu schützen.*

c. *So spricht man von Robotern, die allein denken können.*

d. *Es ist eine anonyme Person, die der Presse einen Skandal mitteilt.*

e. *Immer mehr Leute arbeiten zu Hause mit Internet-Anschluss.*

f. *Manche Leute machen es, um anonym etwas Illegales zu machen.*

g. *In einigen Ländern sind einige Webseiten verboten.*

h. *Es ist eine nicht korrekte Information, die sich verbreitet.*

i. *Zu viel Kontrolle ist ein Risiko für dieses Menschenrecht.*

1. *die künstliche Intelligenz* • **2.** *Die Zensur* • **3.** *Die Meinungsfreiheit* • **4.** *Die Hassrede* • **5.** *Der Identitätsdiebstahl* • **6.** *Die Telearbeit* • **7.** *Der Datenschutz* • **8.** *Der Whistleblower* • **9.** *Die Falschmeldung (Fake-News)*

a. .... • **b.** .... • **c.** .... • **d.** .... • **e.** .... • **f.** .... • **g.** .... • **h.** .... • **i.** ....

2. Traduis en allemand. [9 pts] *10 min*

a. Les enfants doivent savoir hiérarchiser les informations.

....

b. L'éducation aux médias doit être une priorité à l'école.

....

c. Il ne faut pas censurer l'accès au savoir sur Internet.

....

d. Un lanceur d'alerte joue un rôle important mais prend des risques.

....

....

SCORE

...... pts

44 RESPONSABILITÉ DES SCIENTIFIQUES

Je révise

verantwortlich / schuldig	responsable / fautif
die / der Verantwortliche (n)	la / le responsable
das Schuldgefühl (e)	sentiment de culpabilité
vorwarnen / antizipieren	prévenir / anticiper
die Ethik / die Fortschrittsethik	éthique / éthique du progrès
sich beraten lassen	demander conseil
zweckentfremdet / verursacht	détourné de son but initial / induit
die Externalitäten, externe Effekte	effets induits
der Klimawandel	changements climatiques
die Klimaerwärmung	réchauffement climatique
die Umweltbelastung	pollution, impact environnemental
der Verkehrsinfarkt	embouteillages, engorgements
die soziale Schieflage	écarts sociaux
der Verlust der Biodiversität	réduction de la biodiversité
die Erschöpfung (en)	épuisement
die natürlichen Ressourcen	ressources naturelles
der Planet (en) / die Erde	planète / Terre
Bewusstsein für etwas schaffen	susciter une prise de conscience
die Gefahr (en) / das Risiko (ken)	danger / risque
die Entdeckung (en) / die Innovation	découverte / innovation
sich für / gegen etwas einsetzen	s'impliquer pour / contre
die Öffentlichkeit	sphère publique
sich auf eine Entscheidung auswirken	peser sur une décision
der Spielraum (¨e)	marge de manœuvre
neue Ernährungsweisen	nouveaux modes de consommation
täglich, im Alltag, tagein tagaus	au quotidien
sich Gehör verschaffen	faire entendre sa voix
Begleiterscheinungen verhindern	prévenir, empêcher les dérives
die Zusammenarbeit, Kooperation	coopération
die Ähnlichkeit (en)	similitude
die Eigenart (en)	singularité
der Wissenschaftler / Forscher (-)	scientifique / chercheur
die Wissenschaft (en)	science

TOP CHRONO
C'est l'interro !

[Chaque bonne réponse donne droit à 1 point.]

1. Réponds par une phrase aux questions. *5 min*

a. *Was ist die Erde im Universum?*

....

b. *Was muss der Wissenschaftler bei seiner Erfindung verhindern?*

....

c. *Wie nennst du eine zivile Erfindung, die militärisch benutzt wird?*

....

d. *Was passiert, wenn alle Straßen, Autobahnen voll sind?*

....

e. *Welchen Aspekt müsste die Forschung immer respektieren?*

....

f. *Wie heißt die nicht private Sphäre in der Gesellschaft?*

....

2. Complète par l'élément manquant dans les mots composés. *4 min*

a. *der Klima* ....

b. ....*entfremdet*

c. *das Schuld* ....

d. *die* .... *belastung*

e. *die* .... *ethik*

f. *die* .... *erwärmung*

3. Inscris le nom qui correspond le mieux à la description. *3 min*

a. *Es sind die Phänomene und die Nebeneffekte, die indirekt passieren können.*	**c.** *Wenn chemische Phänomene die Natur stören und schlechte Reaktionen provozieren.*
b. *Wenn alle natürlichen Ressourcen aufgebraucht worden sind, kommt man zu dem Resultat.*	**d.** *Es passiert, wenn der Kontrast zwischen arm und reich sehr groß wird.*

SCORE

...... pts

45 INTÉGRATION ET INCLUSION

Je révise

vielfältig / offen / kosmopolitisch	divers / ouvert / cosmopolite
die Fremdsprache (n)	langue vivante
die Sprachenvielfalt	variété linguistique
offiziell / nicht anerkannt	officiel / non reconnue
die Minderheit (en) / isoliert	minorité / isolé
die Integration / das Einleben	intégration / adaptation progressive
die Eingliederung (en)	insertion
der soziale Zusammenhalt	cohésion sociale
das Verhältnis zu den Anderen	le rapport à l'Autre
interkulturelle Projekte	projets interculturels
mehrsprachig / mit Untertiteln	plurilingue / avec sous-titre
die Gebärdensprache / gebärden	langue des signes / signer
intergenerationelle Beziehungen	relations intergénérationnelles
die Inklusion / die Umsetzung	inclusion / mise en place
die Behinderung (en)	handicap
der / die Behinderte (n)	personne handicapée
die soziale Schicht (en)	catégorie sociale
das Menschenrecht (e)	droit de l'Homme
die Bewegungsfreiheit (en)	liberté de mouvement
die Diskriminierung (en)	discrimination
die Gleichberechtigung	égalité en droit
körperlich / motorisch	physique / moteur
die Beeinträchtigung	handicap, déficience
die chronische Krankheit	maladie chronique
ein autistisches Verhalten	un comportement autiste
im Sozialverhalten auffällig	qui a des troubles comportementaux
der Rollstuhl (¨e) / gehbehindert	chaise roulante / à mobilité réduite
die schulische Inklusion	inclusion en milieu scolaire
der Befürworter (-) / der Kritiker	défenseur / critique
der gemeinsame Unterricht	cours commun
Sondereinrichtungen	équipements spécialisés
Umgang mit Behinderten	contact et relations aux handicapés
die Berührungsangst (¨e)	phobie du contact
für die Inklusion ausgestattet	aménagé pour l'inclusion

TOP CHRONO
C'est l'interro !

1. Associe les mots à la description. [5 pts] *3 min*

a. *die Blindheit* • **b.** *der Querschnittgelähmte* • **c.** *die Sehbeeinträchtigung* • **d.** *die Lernschwierigkeit* • **e.** *die Hörbeeinträchtigung*

1. *In diesem Fall braucht der Behinderte einen Rollstuhl, um sich zu bewegen, weil seine Beine ihn nicht mehr tragen.*
2. *Diese Person versteht dich, wenn du mit Gebärdensprache sprichst.*
3. *Dies Person sieht absolut nichts mehr. Sie braucht einen Stock oder einen Hund.*
4. *Dieser Schüler merkt sich seine Lektionen sehr langsam oder gar nicht. Er braucht mehr Zeit.*
5. *Dieser Mensch erkennt noch Menschen und Formen, aber kann noch sehen.*

a. = ... • **b.** = ... • **c.** = ... • **d.** = ... • **e.** = ...

2. Complète par le mot adéquat. [5 pts] *5 min*

a. *Der Autist will meistens allein bleiben oder in seiner eigenen Welt. Er hat nämlich*

....

b. *Ein Synonym von « Behinderung » ist* ....

c. *Die Eingliederung von behinderten Kindern in eine Klasse heißt die* ....

....

d. *Manche Sprachen sind offiziell und andere von Minderheiten sind nicht immer*

....

3. Quels termes a une connotation positive ou négative ? [5 pts] *2 min*

a. vielfältig • **b.** auffällig • **c.** offen • **d.** Zusammenhalt • **e.** Diskriminierung • **f.** Gleichberechtigung • **g.** ausschließen • **h.** intergenerationell • **i.** sich einleben • **j.** Befürworter • **k.** Berührungsangst

Positif :	Négatif :

SCORE

...... pts

CORRIGÉS

GRAMMAIRE

1

1. a., d.= *F* c. = *PPr* b. = *PPa*
2. a. *war/war* b. *seid/ist* c. *warst* d. *sind/ist*
3. a. *hatte* b. *hat* c. *hattest* d. *hast* e. *habe*

2

1. a. *Du* ***wirst*** *heute bis 23 Uhr in der Abteilung C arbeiten.* b. *Die Deutschen werden um den 1. Platz in der Handballweltmeisterschaft konkurrieren.* c. *Wir werden ohne unsere Eltern nach Griechenland fahren.* d. *Meine Tochter wird in zwei Monaten einen Türken aus Ankara heiraten.*
2. a. *Er ist genial gewesen.* b. *Er ist beobachtet worden* c. *Ihr seid brutal gewesen* d. *Du hast einen Hund gehabt.* e. *Ich bin operiert worden.* f. *Er hat eine genetische Krankheit gehabt.*

3

1. *denke/denkt, spiele/spielt, rühre/rührt, scheide/scheidet, lüge/lügt, suche/sucht, besetze/besetzt*
2. *Leihen/tun, schreiten/setzen, reihen/bieten, vertuschen/gewinnen, waten/legen, sitzen/weiden, beißen/streiten,paddeln/passieren*

4

1. *cocher = gehen, heben, denken, kennen, schaffen, kommen*
2. *Ich lese/trage/treffe/esse/halte – du liest/trägst/triffst/isst/hältst – er liest/trägt/trifft/isst/hält – wir lesen/tragen/treffen/essen/halten – ihr lest/tragt/trefft/esst/haltet – sie lesen/tragen/treffen/essen/halten*
3. *Entourer = wascht, seht, lädet, trägt*

5

1. *Barrer =* a., d.
2. *Entourer =* b., c.
3. a. *Er wird eines Tages einen BMW kaufen.* b. *Sie und er werden morgen heiraten.* c. *Ich hoffe, ihr werdet mich nicht jeden Tag anrufen.* d. *Die Polizei wird die Cyberkriminalität besser bekämpfen.* e. *Die Roboter werden Menschen ersetzen.*

6

1. a. *Essend* b. *Rennend* c. *Lesend* d. *Überzeugend* e. *Redend* f. *Verändernd*
2. a. *pfeifend* b.*Grübelnd* c. *schwankend*
3. a. *Un ranger qui roule en motoneige surveille le parc.* b. *Il conceva un jeu de stratégie qui parle en chinois.* c. *Un homme ivre criant comme un enragé cherche son chien.*

7

1. *Oui =* b., c., d., f. *non =* a., e.
2. a. *Nimm* b. *Versuch (Versuche)* c. *Schalte (Schalt)* d. *Machen Sie...an!* e. *Rennt*
3. a. *Nimm das Wort!* b. *Singt weiter bitte!* c. *Bitte aufstehen! (Steht bitte auf!)* d. *Stellen Sie sich an! Ou Stellt euch an!*

8

1. a. *will* b. *muss* c. *darf* d. *sollt*
2. a. *Er durfte* b. *Du solltest* c. *Ich wollte* d. *Ich mochte* e. *Sie musste* f. *Du konntest*
3. *Entourer = wollte, müsste, möchtest souligner = sollest, wolle, mögen*

9

1. a. *Ich möchte* b. *Du solltest* c. *Sie müssten* d. *Ihr könntet* e. *Ich möchte*
2. *Subjonctif 1 =* a., e. *subjonctif 2 =* b., c., d.

10

1. *Barrer =* a. *gemusst* b. *wollen* c. *gekonnt* d. *gemocht*
2. a. *Er hat dieses Auto kaufen wollen.* b. *Sie haben den Roman schnell lesen* c. *Du hast dich entschuldigen sollen.* d. *Sie erklärt, dass er nicht hat sprechen wollen.*
3. a. *Ich möchte* b. *Du solltest* c. *Ich wollte* d. *Ihr solltet*

11

1. a. *Wir sollen* b. *Du solltest* c. *Du sollst* d. *Du solltest*
2. *Barrer =* a. *Ich soll* b. *sollst* c. *muss* d. *musst*
3. a. *= 1, 2, 6* b. *= (1), 3, 4* c. *= 5*

12

1. ***(Fa)*** *= schmeckte, kratzte, erweitertest, erinnerte* ***(Fo)*** *= fiel, stahlt, floss, trugen, starb, brach*
2. *sagen/lesen – werfen/drücken – steigen/denken – bleiben/kommen – leiten/stinken – sehen/setzen – riechen/gewinnen – lassen/bedeuten – integrieren/treffen – gedenken/tun*

13

1. a. *manövriert* b. *geschaut* c. *Interviewt* d. *angefangen* e. *gewesen* f. *gegessen* g. *eingetreten* h. *entfallen* i. *behalten* j. *gewonnen*
2. a. *angesprochen* b. *gehofft* c. *erstiegen* d. *gelernt* e. *entwickelt* f. *gefahren* g. *gelesen* h. *gewandert* i. *verpasst* j. *geliehen* k. *gelogen* l. *gelaufen*

14

1. a. *Ich habe mit dir gesprochen.* b. *Ich habe dieses Haus gekauft.* c. *Wir haben uns dafür engagiert.* d. *Sie ist mitgefahren.* e. *Du hast gerne Comics gelesen.* f. *Ihr habt euch schlecht integriert.* g. *Er hat die Tasche für sie getragen.*
2. a. *Ich hatte mit dem Direktor diskutiert.* b. *Sie waren nach Stuttgart gereist.* c. *Wir hatten ein teures Auto gekauft.* d. *Er hatte sein Haus jeden Tag um 5 verlassen.*
3. *Parfait (P) =* c., d. *Plus-que-parfait (PQP) =* a., b.

15

1. *Cocher =* a., d., e.
2. a. *arbeite* b. *wolle* c. *sei* d. *habe* e. *könne*

16

1. a. *Ich würde* b. *Ich würde studieren* c. *Er hätte* d. *Du würdest fragen* e. *Ich hätte* f. *Er würde arbeiten* g. *Ich wäre* h. *Ihr riefet*
2. *Ich würde steigen, ich würde sterben, ich würde fliehen, ich würde nehmen*

3. *Entourer = wäre, genommen hätte, könnte, würde klicken, wüsste, könnte, notiert hätte, wäre*

17

1. a. *Meine Freundin sagte, dass sie ihr Haus ganz renoviert hätten.* b. *Martha sagte mir, dass alle korrupten Politiker sich viel Geld mit der Mafia machen würden.* c. *Man hat mir erzählt, dass die Opfer des Attentats anonym begraben worden seien.* d. *Ich habe gehört, dass die Mädchen in Indien nach der Geburt getötet würden.* e. *Papa erzählte mir, dass alle Frauen neidisch auf die Kleider der anderen Frauen gucken würden.*
2. a. *Er sagt mir, er hätte in Australien ein Krokodil erschossen.* b. *Meine Freundin behauptet, dass sie nicht mehr Asthmatikerin wäre.*

18

1. *Entourer =* a., c.
2. a. *Wenn ich nur schneller gesprochen hätte!* b. *Wenn ich bloß besser gewesen wäre!* c. *Wenn ich doch besser Schi gefahren wäre!* d. *Wenn ich bloß mehr Mut gehabt hätte!*
3. a. *Er habe geschrieben* b. *Sie habe unterdrückt* c. *Er sei gegangen*

19

1. *Futur =* b., d. *Voie passive =* a. *Les deux =* c.
2. a. *On lave la voiture aujourd'hui.* b. *Il faut le faire.* c. *Allez, on danse maintenant!*
3. a. *Die Gazelle war von dem Löwen gefressen worden.* b. *Der Verkehr wurde auf der Autobahn von den Polizisten kontrolliert.* c. *Heute werden die Flyer für die Kampagne durch die Kandidaten (von den Kandidaten) geschrieben.* d. *Die Kinder sind von ihrem Vater strikt erzogen worden.*

20

1. *Juste =* b., c. *fausse =* a.
2. a. *Bier* b. *An dem Montag* c. *Orangen* d. *die Sterne* e. *Chirurg* f. *Kanzlerin Merkel* g. *die mutige Sophie Scholl*
3. a. *Er hat keine Droge.* b. *Er mag die Frau nicht.* c. *Ich will kein Bier.* d. *Sie spielen nicht Gitarre*

21

1. a. *Die, die* b. *mit denen, die* c. *Das, was* d. *mit dem, der*
2. a. *diese / jene* b. *diesen gelben Mantel* c. *Dieser Boss / diesem-jenem Mitarbeiter* d. *Dieser Kaiser / dieses Land* e. *Diese Gazelle / diesem Löwen* f. *Diese Machtform*
3. a. *Derjenige ou der, der* b. *diejenigen ou die,die*

22

1. a. *Sie lebt nicht mehr mit ihrem Mann zusammen.* b. *Unser Vater ist nach Australien ausgewandert.* c. *Ich habe Ihre Katze in meinem Garten gesehen.* d. *Welches ist Ihr (euer) Lieblingsheld?* e. *Deine Mutter und meine Oma (Großmutter) sind alte Freundinnen.*
2. a. *unsere* b. *eurem* c. *Ihrem* d. *dein* e. *ihre* f. *seinem* g. *ihren* h. *ihrem/ihre* i. *seinem*

23

1. *Entourer =* a. *ihr,* b. *er,* c. *ihr*

2. a. *Ich sehe sie.* b. *Wir beobachten ihn.* c. *Ich telefoniere bei ihm.* d. *Es kommt auf ihn an.* e. *Er meint es gut mit ihr.* f. *Sie fährt mit ihnen.* g. *Die Frau will es kaufen.*

3. a. *dir* b. *Ihnen* c. *ihm* d. *mich* e. *dich* f. *euch* g. *ihr ou ihnen* h. *dir* i. *mir* j. *uns*

24

1. *Entourer =* b. *Sie,* d. *Ihnen*

2. a. *Entschuldigen Sie* b. *Können Sie* c. *Ihre Meinung* d. *mit Ihnen* e.*Ihnen* f. *Sie* g. *Können Sie* h. *Würden*

25

1. *darauf, dabei, daran, damit, dagegen, dazwischen*

2. a. *Sie träumt davon, dass ein schöner Mann sie heiratet.* b. *Er erinnert sich daran, dasssie jeden Samstag zur Tante gefahren sind.* c. *Er wartet darauf, dass alle seine Kinder mit dem Studium fertig sind.* d. *Ich danke dir dafür, dass du mir in Physik geholfen hast.*

3. a. *Ich erinnere mich daran.* b. *Ich warte auf ihn ou darauf.* c. *Er verzichtet darauf.* d. *Er denkt daran.*

26

1. a. *Die Heldin* b. *Spezialistin* c. *Herrscherin* d. *Sekretärin* e. *Professorin* f. *Studentin*

2. ***M*** *= Held Traktor Student Lehrling Tag Schlaf Kommunist Führer Spiegel Fall Milliardär Tausch Lauf Boden Assistent Doktorand,* ***F*** *= Gemeinschaft Gelegenheit Garnitur Zeitung Pneumonie Macht Freiheit Überwachung Option Fahrt Meinung Wirtschaft Wissenschaft Metzgerei Statistik Identität,* ***N*** *= Töpfchen Gebabbel Gegenteil Gebirge*

27

1. a. *Die Pflanzenwelt* b. *Das Kohlendioxid* c. *Der Briefwechsel* d. *umweltbewusst* e. *Der Machtmensch*

2. a. *Landesgrenzen* b. *Mittelfinger* c. *Topfblumen* d. *Arbeitstag* e. *Fremdsprache*

3. a. *F* b. *N* c. *M* d. *F* e. *M* f. *N* g. *F* h. *F* i. *M* j. *F*

28

1. b., c. *= Juste* a., d., e. *= fausse (Bäumlein, Pilzchen, Löffelchen)*

2. a. *das Mäuschen* b. *das Zügchen* c. *das Glöckchen* d. *das Herzchen* e. *das Töpfchen* f. *das Äpfelchen* g. *das Schildchen* h. *das Tässchen*

3. a. *Origine du locuteur : globalement le centre de l'Allemand comme la Hesse, le Palatinat, la Sarre entre autres.* b. *Origine du locuteur : Bavière et Autriche*

29

a. *Der Bär* b. *mit dem Studenten* c. *Der Franzose/mit einem Schweden* d. *Ein fiktiver Held/kein Held* e. *einen Psychologen* f. *den Menschen* g. *Der Deutsche/der Brite* h. *einen Prinzen* i. *ihrem Herrn* j. *einen anderen Touristen* k. *einem Franzosen* l. *Der Herr* m. *Der Journalist/mit einem Spezialisten* n. *einen Löwen* o. *dem Konfirmanden* p. *Der Lizenziat* q. *Die Studenten/einen guten Dozenten* r. *ein bekannter Theologe* s. *Der Fotograf* t. *über den Propheten*

30

1. *Die Berge, Blusen, Kinder, Stöcke, Friseusinnen, Bücher, Werte, Weisen, Bänder, Lehrlinge, Zeiten, Kälber, Marker, Zonen, Dächer, Köpfe, Frauen, Wörter*
2. a. *Die Ängste/Nächte/Städte/Hände/Kräfte/Würste/Mütter* b. *Die Meere/Netze/Kreuze/Reiche/Schiffe/Ziele/Hefte/Haare* c. *Die Helden/Menschen/Frieden/Wälder/Namen/Staaten/Männer*

31

1. a. *Die Märchen von den Brüdern Grimm.* b. *Die Graffti von dieser Jugendgruppe* c. *Die Hauptstadt von Österreich* d. *Die Politiker von den westlichen Ländern*
2. a. *Es ist der Kommissar der Stadt.* b. *Bist du Helenas Vater?* c. *Die Hose des Rappers (ou der Rapper si pluriel) ist genial.* d. *Die Macht des römischen Reichs war groß.* e. *Ich revoltiere mich über die Klischees der Nazis.* f. *Es ist der Nachteil des Fortschritts.*
3. a. *Merkels Politik wird kritisiert.* b. *Hannes' Auto ist (fährt) sehr schnell.*

32

1. *Prennent un article = Niederlande, Slowakei, Schweiz, Türkei, Iran, Mongolei, Irak*
2. a. *in* b. *in* c. *nach* d. *in/nach* e. *nach* f. *in* g. *nach/in*
3. a. *Das Paris der 20er Jahre* b. *Das traditionelle Deutschland*

33

1. a. *Finne* b. *Portugiese* c. *Slowene* d. *Pole* e. *Franzose* f. *Türke* g. *Deutsche* h. *Niederländer*
2. a. *türkisch* b. *japanisch* c. *israelisch* d. *spanisch* e. *amerikanisch* f. *österreichisch*
3. a. *Er ist Engländer, er spricht Englisch, aber er spricht auch Japanisch!* b. *Dieser Deutsche heiratet eine Schwedin, aber sie reden miteinander Spanisch.* c. *Du kommst aus der Schweiz? Sprichst du Deutsch, Italienisch, Rhätoromanisch oder Französisch?*

34

1. *Entourer=* a. *zu dreien* b. *zu zehnt* c. *sechs* d. *zu zweit*
2. a. *der Dritte/dem Ersten* b. *den dreiundzwanzigsten zweiten* c. *der Zweite* d. *der Sechste* e. *der Erste*
3. a. *eine Vier* b. *einen Zweier* c. *die 18, die 2, die 0 und die 34.*

35

1. a. *Mit meinen langweiligen* b. *Ein guter* c. *einen hohen.* d. *Das kleine* e. *dem schönsten/des kleinen* f. *Die schöne* g. *kein neues* h. *eine andere* i. *Ihre junge* j. *seinen alten*
2. a. *Es ist ein sehr guter Film.* b. *Es ist eine sehr begabte Regisseurin* c. *Nach dem zweiten Weltkrieg gab es Trümmer.*

36

1. *Ein Betroffener/Eine Betroffene – Ein Inspirierter/Eine Inspirierte – Ein Heranwachsender/Eine Heranwachsende – Ein Deutscher/Eine Deutsche*
2. a. *Mein Vater hat meiner Mutter einen netten Verwandten vorgestellt.* b. *Der Junge soll auf die Erwachsenen hören.* c. *Der Angestellte hat weniger Freiheit als ein Selbständiger.*

3. a. *Er hat nichts Böses getan.* b. *J'achète peu de choses chères.* c. *Es gibt nichts Positives.* d. *Il me souhaite les meilleures choses possibles.*

37

1. a. *Du bist der Korruption verdächtig.* b. *In Chemie bist du mir überlegen.* c. *Sie ist ihm (ihr) für seine (ihre) Hilfe dankbar.* d. *Hast du das Tennis nicht satt?*
2. a. *Der Tisch ist 80 cm breit.* b. *Das Haus ist 18 m lang.* c. *Der Turm ist 290 m hoch.*
3. *Entourer =* a. *eine* b. *dessen* c. *mir* d. *das alte* e. *mir*

38

1. *Barrer =* a. *wegen/extreme* b. *Mein Vater ist von/den* c. *mit/das* d. *von/den* e. *an/der*
2. a. *an* b. *zu* c. *mit* d. *zu* e. *an* f. *mit* g. *zu* h. *zu* i. *von* j. *mit*

39

1. *Entourer =* a. *über diesen* b. *gegen ihren* c. *auf die* d. *für dieses* e. *für jede*
2. a. *für deine* b. *um ihren* c. *über den* d. *auf ihre* e. *für den* f. *gegen jede* g. *auf den* h. *auf ihre* i. *auf diesen*

40

1. a. *Dieses Gemälde rechts ist düsterer als dieses links.* b. *Der größere spielt Handball.* c. *Der Süden ist weniger kühl als der Norden.*
2. a. *La situation a évolué en mieux.*
3. a. *ein noch größeres* b. *die Reicheren immer glücklicher* c. *in einem noch milderen Land*

41

1. a. *Er singt jeden Tag so oft wie ich.* b. *Sie ist nicht so jung wie er.* c. *Die Konfrontation war weniger hart als ich dachte.* d. *In Portugal ist das Leben nicht so teuer wie in Finnland.* e. *Der bessere Präsident ist dieses Jahr der Sozialist.* f. *Dieser Winter wird immer kälter.* g. *Du hast ein schöneres Auto als ich.* h. *Er reagiert nicht so schnell wie du!*
2. a. *als* b. *wie* c. *wie* d. *als* e. *wie* f. *Je ... desto*

42

1. *Barrer =* a. *der jüngste* b. *das größere* c. *älteste*
2. a. *3* b. *4* c. *2* d. *1* e. *5*
3. a. *„Bester Film"* b. *das bekannteste* c. *die sarkastischste* d. *Der wahrste* e. *Der cleverste/der frecheste*
4. a. *am verschmutztesten* b. *am meistenc.* *am wärmsten* d. *am besten* e. *am gefährlichsten*

43

1. a. *À l'intérieur de l'espace Schengen, on ne contrôle pas à la frontière.* b. *D'ici 3 jours, tu dois avoir rendu ton formulaire.* c. *D'après le critique littéraire, Möbius est un héros négatif.* d. *Elle se sent en sécurité à côté de lui.*

2. a. *Wegen seiner* b. *bei ihrer Mutter... mit ihrem Vater* c. *für ihre Hausaufgaben mit ihrem Bruder* d. *Bis nächsten Sonntag... in seiner Wohnung* e. *Während des Urlaubs... zu dem indischen Restaurant* f. *außerhalb der Pisten ohne einen experimentierten...* g. *Statt der Terroristen... nach ihren Komplizen.*

44

1. a. *in die Stadt.* b. *auf den Tisch.* c. *in die Berge.* d. *auf den Kopf.* e. *auf den Tisch* f. *Vor dem Bahnhof* g. *zwischen meine Frau und mich* h. *in der Altstadt.* i. *in der Tiefgarage.* j. *in mein Büro*
2. a., d. = *Locatif (L)* b., c. = *directif (D)*
3. *Barrer* = a. *im Deutschen* b. *in den USA* c. *aufs Land* d. *neben mir*

45

1. *um 7 Uhr von Montag bis Freitag/am Wochenende/Im Mai, also imFrühling,/ am Freitagabend/Im Winter/zu (an) Weihnachten und Sylvester*
2. *Entourer* = a. *seit* b. *am/um* c. *nach* d. *von/bis* e. *Ø* f. *Ab*
3. a. *Wann ist es hell? Am Tag* b. *in der Nacht* c. *um 20 Uhr* d. *im Winter* e. *im Juli*

46

1. a. *Er wollte damals (früher, einst) keine Kinder haben.* b. *Die Autos werden künftig fliegen können.* c. *Die zwei italienischen Omas machen gerade (eben) Pasta.* d. *Er möchte später Ingenieur werden.* e. *Wir haben eben (gerade) zwei Explosionen gehört.*
2. *Entourer = damals, bald, künftig, zurzeit, nachher*
   a. = *(PA)* d. = *(PR)* b., c., e. = *(FU)*

47

1. *Barrer* = a. *ich denke daran.* b. *Ich arbeite an ihm* c. *Ich telefoniere damit* d. *Ich interessiere mich für sie*
2. a. *An wen denkst du nostalgisch?* b. *Worauf freuen sich Kinder immer?* c. *Wozu lädt er uns ein?* d. *Von wem sprecht ihr?*
3. *Personnes* = a., c. *Objets* = b.

48

1. a. *Als ich 10 Jahre alt war, flog ich allein nach Chicago.* b. *Wenn es zu viel schneit, ist der Pass gesperrt.*
2. a. *Variante 1 : In 2 Jahren hat die Stadt eine neue Brücke gebaut. Variante 2 : Eine neue Brücke hat die Stadt in 2 Jahren gebaut.* b. *Variante 1 : Leider konnte Karl nicht schwimmen gehen, weil er die Grippe hatte. Variante 2 : Weil er die Grippe hatte, konnte Karl leider schwimmen gehen.*
3. a. *Sie ist blind, aber sie hört gut.* b. *Sie ist traurig, denn sie hat ihren Opa verloren.*

49

1. *Warum willst du dich so beeinflussen lassen?*
2. a. *Der Freund hat Lust so schnell wie möglich zu kommen.* b. *Heute habe ich laufen müssen.* c. *In dieser Bar wird abends Hiphop getanzt.* d. *Der Tsunami hat die Stadt zerstört.* e. *Ichwill mir noch einen Anorak kaufen.* f. *Kannst du Radfahren?* g. *Ihr Sohn ist beim Skifahren hingefallen.* h. *Die Führung ist um 30 min verkürzt worden.*

50

1. a. *Es ist nicht mein Engagement.* b. *Heute fährt er nicht Schi.* c. *Er hat keinen Durst.* d. *Ich habe keine Lust zu singen.* e. *Hast du kein Brot gekauft?* f. *Er hat keine Zeit, viel zu spielen.* g. *Der Fortschritt ist nicht immer gut.*
2. *Entourer =* a. *nie und niemals* b. *nirgendwo* c. *keineswegs* d. *niemand* e. *Noch nie*

51

1. c.
2. a. *Nein, du hast nichts gesagt* b. *Nein, du schläfst immer mit Pyjama!* c. *Nein, du warst noch nie in Köln!* d. *Nein, du hast niemand (keinen) gehört!* e. *Nein, du bist nicht mehr jung!* f. *Nein, du findest alles toll!*
3. a. *Ich habe keinerlei Sympathie für ihn.* b. *Er hat nicht einmal (kein einziges Mal) gesprochen.* c. *Ich will keineswegs (keinesfalls) diesen Mann heiraten!* d. *Nirgendwo hat er das alte Spielzeug gefunden.*

52

1. *Barrer =* a. *zu spazieren* b. *zu spielen* c. *essen* d. *zu liegen* e. *hereinkommen*
2. a. *Es ist Zeit, ernsthaft zu arbeiten.* b. *Sie soll gleich weggehen.* c. *Hör auf, so zu heulen!* d. *Alle mögen Pizzen essen.*
3. a. *durchzufahren* b. *zu entschuldigen* c. *einkaufen* d. *zu konkretisieren* e. *helfen* f. *zu reparieren*

53

1. a. *Er arbeitet hart, sodass er ein sehr gutes Resultat bekommt.* b. *Die Autos brauchen in Courchevel mit Schneeketten, weil (da) es viel Schnee fällt.*
2. a. *Weil (da) ich schlecht hören kann, brauche ich eine Audioprothese.* b. *Als ich in London war, aß ich einmal pro Woche Fish&Chips.* c. *Es gab noch kein Fernsehen, als mein Opa geboren wurde.* d. *Er will sich waschen, bevor er ins Konzert geht.* e. *Er studiert Architektur, nachdem er sein Abitur bekommen hat.* f. *Als (Bevor, bis) sie sich verheiratet haben, haben sie schon ein Kind gehabt.* g. *Wenn eine Katastrophe passiert, muss der Helikopter eingreifen.* h. *Seit er in diese Schule geht, hat er mehr Freunde.* i. *Wenn es mehr Schnee gäbe, würde ich gern Schneemobil fahren!* j. *Sie wollen dieses Auto, weil (da) es sehr elegant ist.* k. *Die Oma kauft einen Rollator, damit ihr Mann spazieren gehen kann.*

54

1. a. *Ob* b. *Wenn* c. *Wenn* d. *Ob* e. *Als* f. *Ob* g. *Wenn* h. *Wenn* i. *Wenn* j. *Als* k. *Wenn* l. *Als* m. *Ob* n. *Als* o. *Ob* p. *Wenn* q. *Ob* r. *Als* s. *Wenn* t. *Als*

55

1. a. *Zum Singen musst du dich 30 Minuten lang einsingen.* b. *Du musst zum Boxen Profi-Handschuhe haben.*
2. a., b., e. *= um...zu* c., d. *= damit*
3. a. *Les élèves vendent du chocolat pour organiser une classe de mer.* b. *L'armée allemande aide en Syrie pour que les blessés soient soignés.*

56

1. a. *Das* b. *Die* c. *Der* d. *Die* e. *Der (en trop : das)*
2. a. *Die* b. *Der* c. *Der* d. *Die* e. *Die*

3. *Die Lehrerin, die in Hamburg wohnt, kommt immer mit dem Zug, der um 6 Uhr abfährt.*

57

1. a. *die* b. *die* c. *die D die* e. *der*
2. a. *mit denen* b. *zu dem* c. *mit der* d. *bei dem* e. *auf die*
3. a. *Das Auto, das du heute gekauft hast, ist modern (ou : der Wagen, den du...)* b. *Die Menschen, bei denen du arbeitest, sind nett (freundlich, sympathisch)* c. *Die Person, mit der du redest, hat Architektur studiert. (ou zu der du sprichst)*

58

1. a. *Lebst du bei uns, so musst du in der Küche mitarbeiten.* b. *Würden sie schneller arbeiten, dann würden sie mehr Geld verdienen.*c. *Hätten sie 1933 NEIN gesagt, so wäre Hitler nicht an die Macht gekommen.* d. *Würden wir uns nicht engagieren, so würden die Politiker alles machen.* e. *Hätte ich ein Motorrad gehabt, dann wäre ich 200 km/h gefahren!*
2. *Entourer =* a. *kommt* b. *könnte* c. *hättest 3. Er spricht Englisch, als ob er Amerikaner wäre.*

59

1. a. *Es ist schade, dass es immer mehr Allergien in unserem Land gibt.* b. *Ich bedauere, dass meine Mutter zu viel Alkohol trinkt.*
2. a. *Nordkorea ist leider immer noch eine Diktatur.* b. *Die Internetprovider speichern unglücklicherweise alle unsere privaten Daten 6 Monate lang.* c. *Diese Form der Macht ist bedauerlicherweise sehr aggressiv.* d. *Es gibt unglücklicherweise keinen Schnee in meiner Schistation; ich kann nicht Schi fahren.* e. *Der Doktor konnte bedauerlicherweise keine präzise Diagnose machen.* f. *Das moderne Theaterstück war leider total langweilig.*

60

1. a. *muss* b. *magst* c. *muss* d. *mag* e. *müssen* f. *kann* g. *dürfte* h. *könnte* i. *mag* j. *könnte*
2. a. *Sie will meine Arbeit imitiert haben.* b. *Sie soll 15 Kinder gehabt haben.* c. *Sie sollen eine Villa in Hollywood gekauft haben.*
3. a. *obligation* b. *forte probabilité*

61

1. a. *Meine Lehrerin kommt wohl nach ihrer Konvaleszenz zurück.* b. *Anita ist wahrscheinnlich nun 90 Jahre alt sein.* c. *Die drei Schwestern werden vielleicht Profi-Tennisspielerinnen.* d. *Frau Schallmeyer hat vermutlich ein 3. Kind bekommen.*
2. a. *Martina ist zweifellos Polizistin geworden.* b. *Diese Statue ist freilich sehr hoch.* c. *Sie gehen wahrscheinlich von Syrien nach Österreich.* d. *Sie hat sich eventuell eine Yacht zu 3 Millionen Euro gekauft.*

62

1. a. *1* b. *2* c. *2* d. *1* e. *1* f. *2* g. *1* h. *1* i. *2* j. *1*

63

1. *Cocher accusatif pour = lehren bitten überleben loswerden auslachen vermissen kosten genießen brauchen Cocher datif pour = begegnen danken gratulieren ausweichen widerstehen trotzen dienen zuhören helfen widersprechen folgen*
2. a. *dem* b. *dem* c. *ihm/ihr/ihnen.* d. *dem/der/den*

64

1. *AN = sterben teilnehmen sich rächen fehlen, AUS = schließen stammen werden, MIT = umgehen sprechen enden verbinden Mitleid haben aufhören, VOR = Angst haben schützen retten fliehen, VON = abhängen handeln erzählen*
2. a. *an den* b. *mit dem* c. *mit den* d. *von dem* e. *auf der*

65

1. a. *zu* b. *für meinen* c. *auf die ou über die* d. *zu der* e. *an den* f. *auf einen* g. *für* h. *zu einer* i. *an die* j. *auf*
2. *AN = denken glauben, ZU = einladen gratulieren gehören, FÜR = danken halten sich interessieren sich ausgeben, AUF = sich freuen*

66

1. *Coche IN = sich gliedern sich verlieben eingreifen sich einigen teilen, ÜBER = nachdenken staunen klagen fragen verfügen streiten, UM = sinken sich bemühen sich kümmern steigen sich bewerben + streiten*
2. a. *Ich bestaune das Monument.* b. *Er beurteilt die Situation.* c. *Er beantwortet die Frage.*

67

1. a. *bieten/fallen/finden/halten* b. *fahren/graben/laden/fechten*
2. *Barrer = bluten, erben, führen, planen, fügen*
3. a. *Es gelingt mir nie.* b. *Der Mantel hängt in der Garderobe.* c. *Wie heißt diese Stadt noch?* d. *Wir graben 1 m tief.* e. *Er lädt Bilder hoch.*
4. a.*Ich habe meine Arbeit angefangen.* b.*Er hat seine Freunde empfangen.*

68

1. *leben, listen*
2. a. *Ich habe dir mein Fahrrad geliehen.* b. *Der Hund hat den Karton in Stücke gerissen.* c. *Er hat seine Frau geschlagen.* d. *Du hast deinen Chef angerufen.*
3. a. *Er schloss die Tür ab.* b. *Der Vater log seinen Sohn an.* c. *Das Mädchen schwieg permanent.* d. *Ich schuf ein neues Programm.*
4. a. *Er hatte die faulen Äpfel von den guten geschieden.* b. *Ich war jedes Wochenende mit meiner Freundin durch den Wald geritten.*

69

1. *Entourer =* a. *stirbt* b. *stößt*
2. *Barrer = setzen, hämmern, gucken*
3. a. *Ich zwinge ihn.* b. *Er springt auf das Boot.* c. *Er zieht nach Amerika.*
4. a. *Die tote Katze hat gestunken.* b. *Das Kind ist sehr schnell gewachsen.* c. *Sie hat ihre Kindheit in Paris vergessen.* d. *Sie hat die dreckige Hose gewaschen.*

VOCABULAIRE

1

1. a. *Vater* b. *Partnerin* c. *Enkel* d. *Verlobte* e. *Onkel* f. *Kusine* g. *Stiefmutter* h. *Neffe* i. *Ehemann* j. *Tochter*

2. a. *Das gleichgeschlechtliche Paar ou die Adoptiveltern* b. *Die kinderlose Lebenspartnerschaft* c. *Der allein erziehende Vater* d. *Das gleichgeschlechtliche Paar* e. *Die Doppelverdiener-Familie*

2

1. a. *3* b. *2* c. *2*

2. *Sich versöhnen = Se réconcilier, Sich streicheln = se caresser, Sich liebkosen = Se câliner, Sich streiten = se disputer,Sich besuchen = Se rendre visite, Sich verkrachen =Se brouiller*

3. a. *beibringen* b. *liebkosen* c. *zur Welt bringen*

3

1. a. *Grâce aux nouvelles formes de contraception, les femmes vivent plus libres et plus indépendantes.* b. *Les hommes veulent de plus en plus faire valoir leur droit au congé parental.* c. *La pilule du lendemain peut aider une femme qui a oublié de prendre sa pilule.* d. *Les magazines masculins s'intéressent aussi au maquillage et à la cosmétique.* e. *La double charge de travail entre famille et travail reste actuelle en 2017.* f. *L'interruption de grossesse fut acceptée tardivement en Allemagne.* g. *La femme a le droit au congé maternité lorsqu'elle a une activité professionnelle.* h. *Les cours de self-défense pour les femmes sont devenus très tendance.*

2. a. *Die Chancengleichheit ou Gleichberechtigung* b. *Mutterklinik.* c. *belästigt*

4

1. *Kopf = 5, 7, 9, 11, 15, 16, (17) Extremitäten = 1, 3, 6, 8, 12, 13, 17, 18 Bauch = 2, 4, 10, 14*

2. a. *4* b. *7* c. *6* d. *2* e. *5* f. *1* g. *3*

5

1. a. *überheblich, arrogant* b. *schüchtern, zurückhaltend* b. *zornig, wütend, aggressiv* c. *empört, entrüstet* d. *kontaktfreudig* e. *feige* f. *emotionslos, gefühllos* g. *besorgt*

2. a. *die Rache* b. *der Hass* c. *der Stress* d. *die Empfindung* e. *die Bewunderung* f. *das Gefühl* g. *die Aufregung* h. *die Beleidigung*

3. a. *überheblich B sich rächen* b. *die Leidenschaft* c. *betrügen* d. *die Laune*

6

1. a. *Kopfschmerzen, Fieber* b. *Schnupfen* c. *Entzündung, Infektion* d *Asthma*

2 a. *Ich fühle mich schlecht (übel). Ich kann ohnmächtig werden.* b. *Er muss sich erbrechen. Er hat vielleicht eine Lebensmittelvergiftung.*

3. b.

4. a. *Complications dues à la fièvre* b. *La convalescence après un AVC* c. *l'inflammation de l'oreille, otite* d. *La fracture de la jambe* e. *Le vaccin contre la grippe* f. *le patient atteint d'un infarctus*

7

1. a. *ausgehen, trinken* b. *ausprobieren, lesen, entdecken* c. *verschicke, versende* d. *Tanzstudio* e. *malen* f. *angucken, anschauen*
2. a. *Im Winter mag ich in Österreich Schi fahren.* b. *Jeden Abend spiele ich am PC mit meinem Freund.* c. *Im Liegestuhl liegt mein Vater, um abzuschalten.*
3. a. *chatten* b. *Videospiel* c. *Schwimmbad*

8

1. a. *Badminton* b. *schwimmen* c. *der Moderator* d. *Schlittschuh laufen* e. *fechten* f. *sich aufwärmen* g. *der Ruderer*
2. a. *1* b. *4* c. *6* d. *5* e. *2* f. *3*
3. a. *1* b. *4*

9

1. a. *= 3, 5, 8, 11* b. *= 1, 4, 9, 12, 14* c. *= 2, 13* d. *= 6, 7, 10*
2. *In einer Siedlung + Nachbarn helfen - Innerhalb der Familie + bei der Hausarbeit mitmachen - Zwischen zwei Bauernhöfen + Teure landwirtschaftliche Maschinen - Zwischen zwei Ingenieuren + das Know-how im Labor - Zwischen zwei Privathäusern + House-Sharing für die Ferien - Zwischen zwei Schülern online + Gefühle über den Tag in der Schule - Zwischen zwei Staaten + Diplomatische Beziehungen- Zwischen zwei Städten+ Eine Partnerschaft - Zwischen zwei Unternehmen + Das Personal*

10

1. a. *TEAMfähig* b. *LEISTUNGSfähig* c. *KOMMUNIKATIONSfähig* d. *INTEGRATIONSfähig*
2. a. *erhöhen* b. *mobben* c. *entlassen* d. *ausdenken*
3. a. *Die Effizienz* b. *Die Begeisterung* c. *Die Leistungsfähigkeit* d. *Die Mobilität* e. *Die Kooperation* f. *Der Einsatz*
4. a. *ein Arbeitsloser* b. *Der Arbeitgeber*

11

1. a. *6* b. *7* c. *2* d. *3* e. *5* f. *4* g. *1*
2. a. *Barbara ist eine englische Staatsbürgerin, aber sie hält sich 3 Monate lang im Jahr in Frankreich auf.* b. *Ich bin Deutscher kraft Geburt und Belgier durch Abstammung.* c. *Der Asylsuchende kann eine Einbürgerung beantragen.*

12

1. *Mot n° 1 =* b. *Mot n° 2 =* a. *Mot n° 3 =* c.
2. a. *2* b. *5* c. *3* d. *6* e. *8* f. *1* g. *7* h. *4*

13

1. a. *1* b. *1* c. *1* d. *1* e. *2* f. *2* g. *2*
2. 1. *= a., b., h., j.* 2. *= d., f.* 3. *= g, i* 4. *= c, e*

14

1. a. *Weltkonferenz* b. *Brain-Drain* c. *Gründerzentrum* d. *Konferenz* e. *Videokonferenz*
2. a. *Naturwissenschaften* b. *Produkten* c. *Heimatland* d. *Geisteswissenschaft* e. *ein Team von Interessenten* f. *seinen Arbeitsplatz* g. *Arbeitgebern*

3. a. *Apporter une grande contribution ou contribuer grandement* b. *contribuer au succès d'une société* c. *Fournir une banque de données* d. *Mutualiser les forces dans une entreprise*

15

1. a. *3* b. *1* c. *4* d. *2* e. *5*

2. a. *2* b. *1* c. *2*

16

1. a.

2. a. *unsterblich* b. *das Opfer* c. *widerstehen* d. *orientalisch*

3. a. *die Schwäche* b. *le nain* c. *verhexen*

4. a. *Zaubertrank* b. *Unterwelt*

17

1. a. *1* b. *1* c. *2* d. *2* e. *2*

2. a. *großzügig* b. *unzeitgemäß* c. *eifersüchtig* d. *hilfsbereit*

18

1. a. *1* b. *2* c. *3* d. *3*

2. a. *1* b. *5* c. *4* d. *2* e. *3*

3. a. *vertont* b. *verfilmt* c. *angeeignet* d. *inszeniert* e. *gedenken*

4. b.

19

1. a. *Les mythes fondateurs existent dans presque tous les pays du monde.* b. *Les mythes créent de l'identité (= jouent un rôle identitaire) et renforcent l'identité nationale.* c. *Un roi devient souvent un héros après avoir gagné une bataille importante.*

2. a. *Wildheit* b. *Schönheit* c. *Falschheit* d. *Zugehörigkeit* e. *Feindlichkeit* e. *Unterlegenheit*

3. a. *Dans chaque mythe, la falsification de la réalité est une banalité.* b. *La glorification des héros est peut-être une tendance des impérialistes.*

20

1. a. *3* b. *4* c. *1* d. *2* e. *8* f. *5* g. *6* h. *7*

2. a. *= 1, 4, 6, 8* b. *= 3, 7* c. *= 2, 5*

3. a. *4* b. *1* c. *2* d. *3*

21

1. a. *4 Président fédéral* b. *3 roi* c. *10 chef de tribu* d. *9 prince* e. *8 Grand-duc* f. *11 Secrétaire général* g. *2 Guide suprême* h. *5 Emir* i. *1 Chancelier fédéral* j. *7 Premier secrétaire* k. *6 Meneur, chef*

2. a. *Generalsekretär* b. *Staatspräsident* c. *Revolutionsführer* d. *Fürst*

22

1. 1. *d.* 2. *a.* 3. *c.* 4. *b.*

2. a. *3* b. *4* c. *1* d. *2*

3. a. *En Allemagne, le Président fédéral n'a qu'une fonction représentative.* b. *Le chef d'un état régional en Allemagne s'appelle le ministre-président.* c. *Un groupe parlementaire au Bundestag allemand s'appelle une fraction.* d. *Un groupe d'adolescents partageant les mêmes idées est un groupe de pairs.* e. *Un club de football est une association et la FIFA est une fédération.*

23

1. a. *2* b. *1*
2. a. *4* b. *6* c. *1* d. *3* e. *5* f. *2*
3. *Psychische Macht* = a., b., c., e., f., g. *Physische Macht*=d., g., h.

24

1. a. *1* b. *2* c. *3*
2. a. *6* b. *4* c. *1* d. *2* e. *8* f. *5* g. *3* h. *8*
3. a. *kündigen = Licencier, démissionner* b. *reagieren = réagir* c. *belohnen = récompenser, payer* d. *debattieren = débattre*

25

1. a. *3* b. *4* c. *2*
2. a. *2* b. *1* c. *5* d. *4* e. *3*
3. a. *4* b. *5* c. *3* d. *1* e. *2*
4. a. *3* b. *3*

26

1. a. *2* b. *4* c. *3* d. *1*
2. a. *dem Gericht* b. *an der Grenze, am Zollamt* c. *auf dem Polizeirevier, auf dem Polizeiposten, auf der Wache.*
3. a. *2* b. *3* c. *1*
4. a. *A cause de la manif, les rues qui mènent au centre-ville ont été fermées.* b. *Quand la police te contrôle, tu dois obtempérer.* c. *Le juge a besoin des analyses (conclusions) de l'enquêteur.*

27

1. *PS* = a., d., h. *PH* = e. *PSPH* = a., b., g.
2. a. *2* b. *3* c. *2* d. *1*
3. a. *La Chine limite les libertés des gens sur Internet.* b. *Les adolescents cachent (taisent) certaines choses à leurs parents.*

28

1. a. *blessure* b. *attaque* c. *rouer de coups* d. *tuer par balle* e. *préjudice* f. *vexer*
2. a. *3* b. *2* c. *4* d. *1*
3. a. *Le tueur den série sème la terreur dans tout le village.* b. *L'auteur des faits fut pris sur le fait.* c. *Le plus âgé des élèves a usé de la violence contre le plus jeune.*

29

1. a. *succès* b. *renouvelable* c. *recherche* d. *échouer* e. *danger* f. *défi* g. *réussir* h. *régression*
2. a. *verschlechterst* b. *scheiterst* c. *Fortschritt* d. *verbieten*

3. a. *Dans quel domaine faites-vous vos recherches?* b. *Die industrielle Revolution hat den Weg für den Fortschritt geöffnet.* c. *Das Abtreibungsrecht ist eine soziale Errungenschaft.*

30

1. a. *2* b. *1* c. *4* d. *3*

2. a. *quotidien* b. *performance* c. *addiction* d. *invention* e. *rendre difficile* f. *connecter*

3. a. *Mit meinem Handy bleibe ich in Kontakt mit meinen Freunden.* b. *Der Computer erleichtert mein Leben, aber ich kann mich auch damit vergnügen (unterhalten).*

31

1. a. *Der Aufschwung des Tourismus* b. *das Wirtschaftswunder* c. *die Wettbewerbsfähigkeit* d. *die Auswirkung auf die Wirtschaft*

2. a. *Robotisierung (Robotertechnik, die maschinelle Arbeitsweise)* b. *Die Waren* c. *die Umwelt* d. *standhalten* e. *Innovationen (neuen Produkten, neuen Produktionssystemen, neuen Märkten)*

3. a. *4* b. *1* c. *3* d. *6* e. *2* f. *5*

32

1. *1* b. *2* d. *3* a. *4* f. *5* c. *6* e

2. a. *= 3, 5* b. *=7* c. *= 1, 8* d. *= 2, 4*

3. a. *Patent* b. *Solardach – herstellen (produzieren.* c. *computergenerierte* d. *ferngesteuert*

33

1. a. *génétiquement modifié* b. *insémination* c. *Cellule tueuse* d. *euthanasie* e. *avorter* f. *cellule souche*

2. a. *3* b. *1* c. *5* d. *4* e. *2*

3. 4.

34

1. a. *parabenfrei* b. *aluminiumfrei* c. *glutenfrei* d. *laktosefrei* e. *erdnussfrei* f. *proteinfrei* g. *aluminiumfreies* h. *glutenfreie* i. *parabenfreie* j. *erdnussfrei*

2. a. *2* b. *4* c. *1* d. *5* e.*3*

3. a. *2. Mit Konservierungsstoffen* b. *1. Lebensmittelvergiftung*

35

1. a., d., e., b.

2. a. *Die Lage kann sich bis Dezember zum Besseren entwickeln.* b. *Die Epidemie nimmt erstaunlich schnell zu.* c. *Meine Schwester hat sich zum Guten verändert.* d. *Der Virus hat sich zum Schlechten verwandelt.*

36

1. a. *Das Flugzeug* b. *mit dem Hubschrauber* c. *auf der Autobahn* d. *an der Taxistation* e. *alle öffentlichen Verkehrsmittel* f. *Der Zugbegleiter* g. *das Autoverleih* h. *Der Notarztwagen* i. *In den Stoßzeiten*

2. a. *Zugbegleiterin,* b. *Zugführerin,* c. *Uber-Fahrerin,* d. *Hubschrauberpilotin*

3. a. *= 8* b. *= 4* c. *= 2* d. *= 3* e. *=5*

37

1. a. *Schlösser* b. *den Pass ou Personalausweis* c. *Die Jugendherberge* d. *im Fremdenverkehrsamt (Touristenbüro, Informationsbüro)*
2. a. *douanier* b. *cathédrale* c. *manifestation culturelle* d. *serveur* e. *entrée* f. *exposition*
3. a. *Ich habe eine Führung beim Pergamon-Museum reserviert.* b. *Man muss sich vor dem Kölner Dom anstellen.*

38

1. a. *sich anmelden* b. *verkleinern* c. *schließen, beenden* d. *deaktivieren* e. *aufzoomen* f. *herunterladen*
2. a. *Die ZaRD überwacht die Webseiten, die einen strafrechtlich relevanten Inhalt haben.* b. *Die Polizei kann dich mit der IP-Adresse deines Computers orten.*
3. a. *PIN-Nummer, Identifikationsnummer* b. *das Passwort (Kennwort)* c. *hinterlassen* d. *vernetzt, verbunden* e. *abgehört* f. *ein* g. *biometrischen* h. *Internetzugang* i. *orten* j. *Festplatte*

39

1. a. *défiler* b. *déverrouiller* c. *toucher* d. *envoyer* e. *changer de page* f. *presser*
2. a. *= Juste* b. *= Faux* c. *= Faux*
3. a. *3* b. *5* c. *4* d. *2* e. *1*

40

1. a. *Veuillez saisir votre PIN s'il vous plaît !* b. *Avec l'aide à la saisie, j'écris des mots bizarres dans mes e-mails.* c. *Lorsque je voyage, je cherche toujours une borne WIFI pour mon smartphone.*
2. a. *freihändig anrufen* b. *Sein Profil verändern* c. *auf laut stellen* d. *die GPS-Lokalisierung deaktivieren* e. *Text eingeben* f. *Eine E-Mail versenden* g. *QR-Coden lesen*
3. a. *Der Klingelton* b. *Mit dem Organizer* c. *den Vibrationsalarm* d. *eine App (Nummer)* e. *freihändig telefonieren.* f. *WLAN-Nutzung* g. *auf lautlos* h. *die Sprachsteuerung* i. *kein Netz (keinen Empfang)*

41

1. a. *hungrig* b. *stumm* c. *kräftig, muskulös* d. *gültig* e. *fleißig* f. *bunt* g. *behindert*
2. a. *unangenehm* b. *unverantwortlich* c. *unecht* d. *unbekannt* e. *unpersönlich* f. *unbekannt* g. *ungünstig* h. *unbequem*
3. a. *≠ 6* b. *≠ 3* c. *≠ 1* d. *≠ 2* e. *≠ 5* f. *≠ 4*

42

1. a. *Schlacht* b. *Porträt* c. *Heimatfilm* d. *Oper* e. *Mäzene* f. *Streetart* g. *Skulptur* h. *Hymne*
2. a. *2* b. *1* c. *3* d. *2* e. *3*
3. a. *dienen* b. *das Merkmal* c. *das Plakat*

43

1. a. *4* b. *7* c. *1* d. *8* e. *6* f. *5* g. *2* h. *9* i. *3*

2. a. *Die Kinder müssen die Informationen inhaltlich einstufen können.* b. *Die Medienerziehung muss in der Schule eine Priorität sein.* c. *Man darf (soll) den Zugang zum Wissen im Internet nicht zensieren. (Der Zugang zum Wissen soll im Internet nicht zensiert werden.)* d. *Ein Whistleblower spielt eine wichtige Rolle aber geht Risiken ein.*

44

1. a. *Die Erde ist ein* ***Planet***. b. *Der Wissenschaftler muss* ***Externalitäten (externe Effekte)*** *verhindern.* c. *Diese zivile Erfindung wird* ***zweckentfremdet***. d. *Es passiert ein* ***Verkehrsinfarkt***. e. *Die Forschung müsste immer die* ***Ethik*** *respektieren.* f. *Es ist die* ***Öffentlichkeit***.
2. a. *der Klimawandel* b. *zweckentfremdet* c. *das Schuldgefühl* d. *die Umweltbelastung* e. *die Fortschrittsethik* f. *die Klimaerwärmung*
3. a. *Die Externalitäten* b. *die Erschöpfung der natürlichen Ressourcen* c. *die Umweltbelastung* d. *die soziale Schieflage*

45

1. a. *= 3* b. *= 1* c. *= 5* d. *= 4* e. *= 2*
2. a. *Berührungsängste* b. *Beeinträchtigung* c. *die schulische Inklusion* d. *anerkannt*
3.

Positif : *a, c, d, f, h, i, j, l*	**Négatif :** *b, e, g, k*

TABLE DES MATIÈRES

Imprimé en Italie par «La Tipografica Varese Srl» Varese